Elana Liehmar

Erfolg sucht Frau!

Tipps von Frau zu Frau - Vermeide Fehler und ändere die Einstellung, um erfolgreich im Beruf zu sein.

Eine Ex-Managerin eines DAX-Unternehmens gibt Einblicke in ihre Erfahrungswelt.

IMPRESSUM

Texte Copyright © 2018 Elana Liehmar, Liehmar@web.de

Bildmaterialien Copyright © 2018 Elana Liehmar, erstellt durch Elana Liehmar mittels Amazon Cover Creator

Alle Rechte vorbehalten
ISBN: 9781980601524

Inhalt

Vorwort 5

Geschlechterspezifische Unterschiede 8
Männer können alles 9
Frauen spielen im Team 12
Wer konkurriert wie 14

Fehler vermeiden mit der passenden Maßnahme und Strategie 16
Lächeln lernen 18
Mut zeigen – Chancen nutzen 21
Keine Angriffsflächen bieten 23
Sich selbst kennenlernen 29
It´s showtime 34
Positives Denken anwenden 37
Durststrecken überstehen 41
Selbstmarketing gezielt einsetzen 44
Professionell präsentieren 51
Verschwiegenheit beweisen 56
Richtig loben und Komplimente machen 58
Business-Etikette beherrschen 63

Delegieren lernen 70
Netzwerke nutzen 73
Die Sache mit der Work-Life-Balance 76

Die wichtigsten Erkenntnisse 84

Absolute No-Gos 92

Das 3-Punkte-Kurzprogramm 95

Der schlaue Kommentar am Ende 98

Danksagung 99

Vorwort

Kennen Sie diesen Blick?

Sie sitzen in einer Besprechung bzw. Gesprächsrunde als einzige oder als eine der wenigen Frauen am Tisch und Ihnen gegenüber lehnen die Herren lässig in ihren Stühlen. Dabei werden Sie abschätzend gemustert, wie Sie wohl als Gegner zu werten und einzuschätzen sind.

Und dann folgt er, dieser verächtliche Blick „Die ziehe ich doch locker über den Tisch" und kombiniert wird das Ganze noch mit einem herausfordernden Lächeln, das glatt noch als freundlich durchgehen könnte, aber meist nicht so gemeint ist.

Sofern Ihnen solche oder ähnliche Situationen bekannt sind oder Sie zukünftig damit konfrontiert werden, könnten Ihnen meine Erfahrungen und Tipps hilfreich sein. Das Ziel ist, typisch weibliche Fehler im Berufsleben zu vermeiden, um dadurch erfolgreicher zu werden.

Nun zu mir. Wie komme ich dazu, Ihnen Tipps geben zu wollen oder zu können?

Zwanzig Jahre lang war ich eine weibliche Führungskraft und Managerin in einem der größten DAX-Unternehmen in Deutschland. Dabei habe ich in den Jahren von 1996 bis 2016 insgesamt ungefähr ein Dutzend gravierende organisatorische Änderungen in verschiedenen Fachbereichen erlebt und mitgestaltet. Damit verbunden war jedes Mal der Aufbau von neuen Teams, wobei mein kleinstes Team aus sechs und mein größtes Team aus vierhundert Mitarbeitern bestand. Zudem arbeitete ich zwölf Jahre an verschiedenen Standorten in Deutschland, die zwischen 120 und 600 km von meinem Wohnort entfernt lagen.

In dieser Zeit erlebte ich so viele Dinge, und zwar egal ob mit männlichen oder weiblichen Kollegen und Chefs, sodass sich daraus schon grundlegende Themenschwerpunkte ableiten lassen, die es wert sind, weitergegeben zu werden.

Während meines Berufslebens wünschte ich mir oft, jemanden an meiner Seite zu haben, den ich manchmal hätte fragen können, wie ich es besser machen kann. Allerdings war ich immer auf mich allein gestellt, was automatisch zur Folge hatte, dass ich nicht immer den einfachsten Weg wählte und meine Fehler alle selbst machen durfte. Somit bin ich auf die Idee gekommen, meine Erfahrungen mit Ihnen zu teilen.

Vorweg möchte ich schon mal vorausschicken, ja, ich habe auch meine Fehler gemacht und bin „hingefallen". Das Hinfallen gehört schließlich zum Leben dazu und ist nichts Schlimmes. Es kommt nur darauf an, jedes Mal wieder aufzustehen, sich zur vollen Größe aufzurichten und unbeirrt weiterzumachen.

Ach ja, und eine sehr interessante Erfahrung machte ich auch im Laufe der Jahre. Es kommt nicht auf die Haarfarbe einer Frau an, um von Männern als nicht ebenbürtig angesehen zu werden. Falls Sie nun eine Blondine sein sollten (ich bin nämlich eine), denken Sie daran, dass Sie nicht so blöd wie Sie blond sind und falls Sie eine andere Haarfarbe haben, bedenken Sie, dass Sie nicht so dumm sind, wie manche Männer glauben.

Auf den folgenden Seiten möchte ich Ihnen nun Tipps und Anregungen geben, die Ihnen dabei helfen können, im Beruf erfolgreich zu sein. Allerdings möchte ich schon mal an dieser Stelle erwähnen, dass das meiste davon Sie selbst anpacken müssen, was manchmal schon anstrengend sein kann und viel Selbstdisziplin erfordert.

Es lohnt sich jedoch, denn der Weg ist spannend und interessant. Zudem können diese Tipps nicht nur Ihr Berufsleben, sondern auch Ihr privates Leben bereichern. Also gehen wir's an.

Geschlechterspezifische Unterschiede

Um unsere typisch weiblichen Verhaltensmuster zu verstehen, ist es sehr von Vorteil sich die wichtigsten geschlechterspezifischen Unterschiede bewusst zu machen. Diese sind im Berufsleben wie auch im Privatleben deutlich erkennbar.

Männern und Frauen werden unterschiedliche Attribute zugeordnet, die meist noch durch Erziehung und gesellschaftsspezifische Erwartungen unterstützt werden. So werden Frauen eher die Eigenschaften wie mütterlich, furchtsam, neugierig und schwach zugeordnet, wobei Männer hingegen mehr als logisch denkend, rational und selbstbewusst gelten. Dies führt sogar dazu, dass im Berufsleben zwischen typischen Frauen- und Männerberufen unterschieden wird.

Entsprechen diese Zuordnungen immer der Realität und unseren Talenten? Eher nicht, denn dann dürfte keine Frau Karriere machen und erfolgreich im Beruf sein. Männer, die den Haushalt führen und sich zu Hause um die Kinder kümmern, während ihre Frauen erfolgreich in ihrem Beruf arbeiten, gäbe es folglich ebenfalls nicht.

Also schauen wir uns einmal die wesentlichen Unterschiede und die damit verbundenen Erkenntnisse etwas genauer an.

Männer können alles

Was hat unsere „genetische Grundprogrammierung" als Jäger oder Sammler aus grauer Vorzeit mit unserem heutigen Verhalten im Berufsleben zu tun? Ne Menge!

Männern ist es angeboren, dass sie ständig in Konkurrenz mit anderen Geschlechtsgenossen treten und dementsprechend dauernd nach schneller, besser, höher, weiter streben. Die Ursprünge hierzu sind in unseren Genen hinterlegt. Als Jäger waren diese Eigenschaften unbedingt notwendig, um das Überleben der eigenen Familie, Gruppe usw. zu sichern. Diese Eigenschaften kommen in der heutigen Zeit nun auch im Berufsleben zum Vorschein.

Wie geht ein Mann vor, der sich auf eine Jobausschreibung bewerben will?

Er geht die einzelnen Anforderungen, die der Bewerber erfüllen soll, durch und beantwortet diese alle mit der Antwort „das kann ich". Bei Anforderungen, die er wegen mangelndem Fachwissen oder geringer Erfahrungen nicht erfüllt, sucht er gedanklich nach seinen Kenntnissen, die am weitesten noch damit zu tun haben. Anschließend hakt er diese ebenfalls mit „das kann ich und der Rest wird auch noch dazukommen" ab.

An Selbstvertrauen und Selbstbewusstsein mangelt es den meisten Männern nicht. In einem Auswahlgespräch werden die meisten Männer immer die Aussage treffen, dass sie alle Anforderungen an den Job erfüllen und dementsprechend alles können. Diese äußerst optimistische

Selbsteinschätzung stimmt in den seltensten Fällen mit der Realität überein.

Die Konsequenzen aus dieser Aussage habe ich ebenfalls von einem männlichen Kollegen zu spüren bekommen. Zu diesem Zeitpunkt arbeitete ich noch als IT-Operator für Großrechneranlagen und der Kollege behauptete natürlich auch in seinem Auswahlgespräch, dass er alle in unserer Abteilung vorhandenen IT-Systeme beherrsche.

Die Praxis sah leider so aus, dass er nur über Kenntnisse zu einem System verfügte und die Arbeiten zu den beiden anderen Systemen weiterhin von einem weiteren Kollegen und mir übernommen werden mussten. Arbeitsentlastung hatte ich bis zu diesem Zeitpunkt immer anders verstanden ...

Übrigens kommt diese Verhaltensweise auch im Privatleben sehr häufig vor. Erinnern Sie sich noch daran, wie Sie mit Ihrem Partner am Steuer das letzte Mal zu einem Ort gefahren sind, der Ihnen beiden unbekannt war? Obwohl Ihr Partner nicht wusste, in welche Richtung er fahren muss, hat er dennoch nicht angehalten, um jemanden nach dem Weg zu fragen.

Auf Ihre Frage hin, ob er denn wisse, wo er hinfahren müsse, erhielten Sie lediglich die unwirsch geknurrte Antwort: „Natürlich weiß ich, wohin ich fahren muss". Übrigens, dieser Fall hat sich noch vor dem Zeitalter der Navigationsgeräte im Auto ereignet oder etwa nicht?

Wie gehen nun Frauen in den oben beschriebenen Fällen vor?

Wenn sich eine Frau auf eine Jobausschreibung bewirbt, geht diese die Anforderungen durch und hakt die Kriterien, die sie erfüllt, gedanklich ab und schiebt diese beiseite. Ihr Fokus liegt dabei auf allen Punkten, die sie aus ihrer Sicht nicht erfüllt.

Hierbei fallen sehr schnell die Worte „das kann ich nicht" oder „das weiß ich nicht". Frauen besitzen häufig die Angewohnheit, sich selbst viel schlechter einzuschätzen, als andere dies tun und stellen ihr Licht sehr schnell unter den Scheffel. Ach ja, und bei einer unbekannten Wegstrecke fragen wir einfach mal einen Passanten freundlich nach dem Weg – das geht deutlich schneller.

Die Selbstzweifel, ob Frau etwas kann oder nicht, sind in der Praxis meist sehr ausgeprägt und dominierend. Diese Denkweise ist den meisten Männern völlig fremd. Darin liegt ein wesentlicher Unterschied zu uns Frauen, den wir uns jedoch bewusst machen müssen, um nicht immer in die gleiche Falle auf unserem Weg zum beruflichen Erfolg zu treten.

Kurz gesagt, Männer leiden eher an Selbstüberschätzung und Frauen an Unsicherheit, wobei beide Einschätzungsweisen häufig sehr wenig mit der Realität übereinstimmen. Ein Anfang zur Änderung Ihrer Einstellung ist bereits getan, wenn Sie sich dessen bewusst werden und gezielt an Ihrer Unsicherheit sowie an Ihren Ängsten arbeiten.

Glauben Sie mir, in Ihnen stecken viel mehr verborgene Talente und Fähigkeiten, als Sie sich selbst zutrauen.

Diesen Fehler beging ich ebenfalls häufig in meinen jungen Lebensjahren und wurde regelmäßig eines Besseren belehrt. Auch in mir schlummerten Talente, von deren Existenz ich nichts ahnte.

Frauen spielen im Team

Bedeutet Teamarbeit für Mann und Frau das Gleiche? Nein!

Der gravierende Unterschied zwischen Mann und Frau hinsichtlich des Arbeitens im Team tritt insbesondere bei Erfolgen und Misserfolgen deutlich hervor. Dies beziehe ich auf Fälle, in denen Mann oder Frau eine führende bzw. leitende Funktion im Team innehaben – egal, ob zum Beispiel als Führungskraft oder in einem Projekt.

Wie geht ein Mann vor, wenn er Erfolg hat?

In diesem Fall liegt die Ursache für den Erfolg eindeutig in der eigenen Leistung. Somit schreibt sich ein Mann diesen Erfolg den eigenen persönlichen Fähigkeiten zu. Die anderen Teammitglieder waren nur dazu da, ihn zu unterstützen und spielten dabei für ihn keine bedeutende Rolle. Er klopft sich anschließend selbst anerkennend auf die Schulter – das hat er wieder einmal gut gemacht.

Wie geht ein Mann bei Misserfolgen vor?

In diesen Fällen liegt die Ursache für den Misserfolg eindeutig und ausschließlich beim Team, das nicht richtig funktioniert hat. Er persönlich gab natürlich sein Bestes und wenn es nach dem ginge, hätte sich der Erfolg automatisch einstellen müssen. Pech aber auch ... (Selbstzweifel haben hier keinen Platz).

Wie geht eine Frau vor, wenn Sie Erfolg hat?

Genau gegensätzlich wie ein Mann! Im Erfolgsfall stellt eine Frau die Leistung und die Arbeit des ganzen Teams in den Vordergrund und heimst die Lorbeeren nicht nur für sich persönlich ein. Denn einer allein erreicht gar nichts, wenn nicht die anderen Teammitglieder hinter einem stehen und tatkräftig mithelfen.

Wie geht eine Frau vor, wenn Sie Misserfolg hat?

Wieder genau gegensätzlich wie ein Mann! In diesem Fall sucht eine Frau sofort die Schuld und die Ursache für das Nichtgelingen oder Scheitern bei sich selbst und stellt sich die Frage, was hätte sie anders oder besser machen können. Die Teammitglieder haben in ihren Augen dennoch einen guten Job gemacht. Allerdings hätte sie das Ganze anders steuern müssen, um erfolgreich zu sein. Sie war nicht gut genug ... hmm (und die Selbstzweifel sind in voller Blüte wieder da).

Anmerken möchte ich an dieser Stelle noch, dass diese geschlechterspezifischen Unterschiede sogar durch wissenschaftliche Untersuchungen nachgewiesen sind, denn es gibt hierzu sogar entsprechende Gender-Seminare am Markt. Allerdings decken sich diese wissenschaftlichen Erkenntnisse auch zu hundert Prozent mit meinen persönlichen Erfahrungen aus meinem gesamten Berufsleben.

Zusätzlich möchte ich noch betonen, dass es natürlich wie in allen Fällen auch Ausnahmen gibt. So fällt manchen Männern kein Zacken aus der Krone, wenn sie offen zugeben, nicht alles zu wissen oder zu können. Zudem gibt es Frauen, die nicht im Team spielen, sondern die Verhaltensweisen von männlichen Kollegen bereits angenommen haben.

Männer, die nicht alles können oder gar nicht alles besser wissen, wirken durch dieses Verhalten überaus sympathisch. Dagegen erscheinen Frauen, die sich immer mehr wie eine Kopie von Männern in der Berufswelt geben, meist nicht als Sympathieträgerinnen.

Wer konkurriert wie

Männer konkurrieren im Wesentlichen in Bezug auf Status, Besitz und die persönlichen Leistungen miteinander (wie bereits gesagt, schneller, besser, höher usw.). Das äußert sich schnell im Vergleich „mein Auto, mein Haus, mein Boot" usw.

Das Aussehen eines Mannes spielt bei Männern untereinander so gut wie keine Rolle. Dem Attribut Attraktivität wird kaum Beachtung geschenkt. Es ist völlig egal, ob ein Kollege einen Bierbauch zur Schau stellt oder sein Haupthaar mehr durch Abwesenheit glänzt. Zudem verfügen Männer über ein gänzlich anderes Selbstbewusstsein und Selbstwertgefühl als Frauen, indem körperliche Schwachstellen als solche kaum wahrgenommen werden.

Frauen hingegen konkurrieren an erster Stelle durch Aussehen und die äußere Erscheinung. Betreten zwei Frauen einen Raum taxieren sich diese beiden sofort von oben bis unten und legen eine innere Einschätzung fest, ob die andere Frau als Konkurrentin zu sehen ist oder nicht. Dabei geht es in erster Linie um die Figur, die Kleidung, die Haare usw.

Falls dieses Verhalten sehr ausgeprägt vorhanden ist, kann es leider sogar eine gegenseitige Sympathieempfindung und eine gute Zusammenarbeit verhindern. Schade. Dabei spielen das eigene Selbstwertgefühl und Selbstbewusstsein eine große Rolle. Je stärker beides ausgeprägt ist, umso mehr ist eine Frau in der Lage, dieses typisch weibliche Konkurrenzdenken zu minimieren und einer guten Zusammenarbeit auf der zwischenmenschlichen Ebene eine Chance zu geben.

Die Realität zeigt, dass die Leistung einer anderen Frau erst an zweiter Stelle bewertet wird. Falls es jedoch zu diesem Thema zu unterschiedlichen Ansichten kommt, wird dies selten offen ausgetragen. Die direkte Konfrontation scheuen die meisten Frauen. Dafür sind die heimlichen Sticheleien hinter dem Rücken der Betreffenden umso intensiver.

Wie Sie sehen, unterscheiden sich Männer und Frauen in ihrem Verhalten deutlich. Umso wichtiger ist es, diese geschlechterspezifischen Unterschiede zu kennen, da sich dadurch die Reaktionen und Verhaltensweisen unserer Mitmenschen und insbesondere die eigenen besser einschätzen lassen.

Fehler vermeiden mit der passenden Maßnahme und Strategie

In den nachfolgenden Kapiteln schildere ich meine gesammelten Erfahrungswerte aus zwei Jahrzehnten als Führungskraft und Managerin. Diese sind entstanden durch erlebte Höhen und Tiefen in meinem Berufsleben und stellen meine persönlichen und subjektiven Erlebnisse dar.

Mein Ziel ist es, Ihnen anhand von verschiedenen Situationen aus meiner Berufspraxis Anregungen zu geben. Diese sollen dazu dienen, Sie zu motivieren, an sich zu glauben sowie Ihnen Themen aufzuzeigen, die es wert sind, angepackt zu werden, um sich darin weiterzuentwickeln.

Der Einfachheit halber verwende ich bei meinen Schilderungen die männliche Variante bei Personen wie zum Beispiel der Kollege, der Mitarbeiter, der Chef, der Vorgesetzte. Zudem war bei meinen persönlichen Erlebnissen ebenfalls der Großteil der handelnden Personen männlichen Geschlechts.

Nun ja, ich startete meine Karriere als weibliche Führungskraft zu einem Zeitpunkt, zu dem es noch nicht das

Thema Frauenquote gab und ich außerdem in Meetings meist als einzige Frau am Tisch saß. In äußerst seltenen Fällen genoss ich dadurch den sogenannten Welpenschutz und erfuhr eine wohlwollende und wertschätzende Behandlung.

Allerdings überwogen die Erlebnisse, in denen die Herren der Schöpfung mich als Störenfried in ihrer Runde und als nicht kompetenten Gegner empfanden. Schließlich konnte eine blonde, junge Frau in den Augen mancher Männer nicht kompetent sein. Dagegen sprach schon allein die Haarfarbe, vom Lebensalter ganz zu schweigen.

Leider erhielt ich dieses Prädikat sehr häufig, bevor ich überhaupt das erste Mal den Mund aufgemacht hatte. Umso mehr erlebten manche Männer ihr blaues Wunder, wenn ich sie mit meiner fachlichen Kompetenz konfrontierte, die mit einem charmanten Lächeln und einer gesunden Portion Durchsetzungsvermögen garniert war.

Die Tipps, die ich Ihnen nun vorstellen werde, haben bei mir alle funktioniert, was jedoch keine Garantie dafür ist, dass die gleichen Mittel auch bei Ihnen klappen. Ich kann Ihnen nur empfehlen, probieren Sie es einfach aus.

Lächeln lernen

Zu meinen Eigenheiten gehört es, dass ich ein sehr ernstes Gesicht zur Schau trage, wenn ich mich auf etwas konzentriere. Das kann in einem Meeting das Zuhören bei einem Vortrag sein oder auch nur das Anbringen eines Strass-Steinchens auf einer Bluse mit einer spitzen Pinzette.

Beides bewirkt bei mir das Gleiche, nämlich dass mir buchstäblich das Lachen vergeht und ich mich mit einem ernsten Gesicht auf die jeweilige Tätigkeit konzentriere. Manche bezeichnen meine Mimik in diesen Fällen sogar als todernst und unfreundlich. In diesen Momenten spiegelt meine Miene allerdings in keinerlei Weise meine innere Gefühlslage wider.

Bleiben wir bei meinem konzentrierten Zuhören in einer Besprechung. Da sitzen ja auch noch andere Teilnehmer am Tisch, die mit Vorliebe die anderen Personen mit wachsamen Blicken im Raum beobachten und mustern, sobald es ihnen langweilig wird.

Nun lauschte ich wieder einmal konzentriert den Ausführungen des Vortragenden und ging anschließend in die Pause. Was passierte dann? Ein Kollege kam auf mich zu und fragte mich, ob ich denn heute schlecht aufgelegt sei, da ich so ernst dreinschaue.

Der nächste Kollege fragte mich, ob ich heute noch nicht gefrühstückt hätte, da ich ein Gesicht mache, als ob ich gleich jemanden anfallen und auffressen wolle. Kurz gesagt, es ist mühsam und nervig, jedes Mal das Gleiche zu antworten, dass mein Gesichtsausdruck nichts mit meiner Laune und schon gar nichts mit einem nicht vorhandenen Hungergefühl zu tun hat.

Noch schlimmer ist es, wenn ich auf unbekannte Mitmenschen treffe, die mich überhaupt nicht kennen. Dabei wird mein konzentrierter Gesichtsausdruck häufig mit Arroganz, kühler Distanziertheit oder als eingebildet und unnahbar sein gleichgesetzt. Um mit diesen Menschen in einen offenen und konstruktiven Austausch zu gelangen, kostete es mich anschließend wieder einmal viel Kraft, den ersten misslungenen Eindruck zu revidieren.

Dies ist mir ausgerechnet vor einem Auswahlgespräch passiert. Ich war etwas früh dran und musste noch auf dem Flur vor dem genannten Raum in einer Sitzecke warten. Plötzlich öffnete sich die Tür und eine Frau mittleren Alters eilte an mir vorbei. Ich hob den Kopf, schaute ihr in die Augen und grüßte sie mit einem freundlichen „Guten Tag". Zumindest war ich persönlich der Meinung, dass ich dabei freundlich dreinblickte.

Es stellte sich später im Auswahlgespräch heraus, dass die vorbeieilende Dame die Personalchefin des Bereichs war, bei dem ich mich beworben hatte. Den Job bekam ich nicht, aber im Anschluss an das Auswahlgespräch ein sehr aufschlussreiches Feedback von der Personalleiterin.

Da ich bei unserer ersten Begegnung auf dem Flur wieder einmal einen sehr ernsten Blick im Gesicht hatte, wirkte ich auf den ersten Eindruck unnahbar und distanziert. Im Gespräch selbst musste ich daraufhin bei ihr erst bei den verschiedenen Themen punkten, sodass sie ihren ersten Eindruck von mir aufgrund meiner gezeigten Leistung korrigieren konnte bzw. musste. Sie erklärte mir, dass wenn ich in diesem Moment auf dem Flur gelächelt hätte, mein Einstieg im anschließenden Gespräch deutlich leichter gewesen wäre.

Nach mehreren solchen Erlebnissen gewann ich die Erkenntnis, dass ich mir selbst das Leben schwer machte, indem ich mir die Chance des ersten Eindrucks verdarb. Denn um den ersten Eindruck zu korrigieren, bedarf es leider einiger Anstrengung, Energie sowie Ausdauer und es ist auch nicht sicher, dass die Mühen von Erfolg gekrönt sind. Außerdem frühstücke ich jeden Tag, sodass ich gar niemanden fressen muss, um satt zu sein. Also kam ich zu dem Ergebnis, dass mein Gesichtsausdruck angepasst werden musste.

Da kam mir dann das Zauberwort „Lächeln" wieder in den Sinn. Ich könnte es mal damit versuchen, unbekannten Menschen zu begegnen und dabei gezielt darauf zu achten, dass ich dabei lächle und nicht so ernst schaue. Gedacht – getan. Über die positive Wirkung war ich mehr als überrascht.

Ein Lächeln, egal bei welcher Gelegenheit, hat eine ungemeine Kraft, der kaum jemand widerstehen kann und den Betreffenden einfach sympathisch wirken lässt. Ein charmantes Lächeln bezaubert unsere Mitmenschen und gibt auch uns selbst ein positives Gefühl. Diese Erkenntnis musste ich mir nur jedes Mal wieder bewusst ins

Gedächtnis rufen und schon fiel mir das Lächeln deutlich leichter. Versuchen Sie es gerne auch!

Mut zeigen – Chancen nutzen

Aufgrund unserer genetischen Grundprogrammierung neigen wir Frauen mehr dazu, Selbstzweifel zu haben als Männer. Leider. Zusätzlich leben wir auch in einer Gesellschaft, die uns Frauen nicht gerade selten einredet, dass wir manche Dinge nicht können oder Männer dies automatisch besser machen – auch nicht gut.

Was passierte, wenn ich in der Vergangenheit einen neuen Job übernehmen sollte?

Zuerst ging bei mir wieder das Kopfrattern los, indem ich alle Kriterien auflistete, bei denen ich meine Zweifel hatte, ob meine Kenntnisse oder Fähigkeiten gespiegelt an den Anforderungen ausreichen würden. Das dauerte schon mal eine gewisse Zeit.

Irgendwann kam ich dann auch zu meinen Stärken und den Kriterien, die ich erfüllte. Es war wieder die typische Reihenfolge, erst einmal sich mit den Schwachpunkten zu beschäftigen als mit den Stärken. Für mein Selbstwertgefühl wäre die umgekehrte Reihenfolge deutlich besser gewesen – das kapierte ich aber erst zu einem viel späteren Zeitpunkt.

Auch mir fehlt das Gen „schneller, weiter, besser, höher" und somit begegnete ich zu Beginn meiner beruflichen Laufbahn neuen Herausforderungen mit sehr gemischten und manchmal sogar ängstlichen Gefühlen. Der Satz „das schaffe ich nicht" kam mir dabei ebenfalls schon ab und zu in den Sinn.

Irgendwann stellte ich mir die Frage, warum ich das denke, denn ich hatte ja die neue Aufgabe noch nicht übernommen oder mich daran versucht. Also woher sollte ich im Vorfeld wissen, dass ich die neue Aufgabe nicht schaffe, wenn ich es noch gar nicht ausprobiert habe.

Mut – das war dieses Mal das Mittel, das mir geholfen hat. Ich habe meine Ängste entschlossen über Bord geworfen und mich an die neue Aufgabe herangewagt. Siehe da, ich stellte fest, dass meine Ängste völlig unbegründet waren und ich der neuen Aufgabe voll gewachsen war. Das war doch mal ein tolles Erfolgserlebnis!

Zudem erhielt ich von einem ganz lieben und mir wohlgesonnenen Kollegen einen guten Tipp, wenn ich mal wieder der Meinung war, dass mir „ein Schuh zu groß sei" und ich in die neue Aufgabe erst noch hineinwachsen müsse. Da ich Hobbytaucherin bin, meinte er nur lapidar: „Wenn dir der Schuh zu groß ist, zieh doch einfach deine Flossen an. Dann passt dir der Schuh sofort und du füllst ihn vollständig aus." Natürlich habe ich meine Flossen nicht wirklich angezogen, aber dieser Satz signalisierte mir, dass ich mir einfach mehr zutrauen sollte und dann klappt auch der Rest.

In meinem Berufsleben musste ich einige dieser Situationen überwinden. Schließlich hatte ich über mehrere Jahre hinweg zwei Jobs zu bewältigen. Je mehr Erfolgserlebnisse ich sammeln konnte, umso mutiger wurde ich und umso mehr traute ich mir selbst zu.

Mein Ehrgeiz wurde jedoch am meisten angestachelt, wenn Kollegen über mich sagten: „Das schafft die doch nie". Na ja, denen habe ich anschließend gezeigt, was Frauenpower ist. Dabei lernte ich auch auf mein Bauchgefühl zu hören, denn meine nur mit dem Kopf getroffenen Entscheidungen waren nicht immer die besseren. Mein Instinkt hat mich jedoch nie im Stich gelassen – ich musste nur auf ihn hören.

Mutig zu sein, half mir insbesondere in schwierigen Situationen, um aktiv zu werden und nicht in eine lähmende Starre zu versinken.

Kurz gesagt, es hat bei mir etwas gedauert, bis ich die Erkenntnis gewann, dass ich Neues erst ausprobieren muss, um zu sagen, ob ich etwas schaffe oder nicht. Meine Erfahrungen lehrten mich auch, dass ich mehr leisten kann und viel mehr Fähigkeiten besitze, als ich mir jemals selbst zugetraut hätte. Außerdem kommen die Chancen nicht wieder, die aufgrund von mangelndem Mut, zu großer Ängstlichkeit und zu langem Zögern vertan worden sind. Also Kopf hoch und los geht's!

Keine Angriffsflächen bieten

Wir alle sind nur Menschen und haben nicht immer einen optimalen Tag. Das bedeutet jedoch nicht, dass unsere Mitmenschen in unserer unmittelbaren Umgebung etwas dafürkönnen, wenn wir nicht so gut drauf sind und insbesondere sollten sie nicht darunter leiden. Und eines ist sicher, letztendlich schaden wir damit nur uns selbst und unserem Ansehen.

Zusätzlich ist es wichtig, die eigenen Unsicherheiten in den Griff zu bekommen und Kompetenz sowie Souveränität auszustrahlen.

Welche Punkte habe ich mir vorgenommen und umgesetzt, um vermeidbare Angriffsflächen nicht zu bieten?

Punkt 1 – Gute Vorbereitung:

Zu jeder Besprechung bereitete ich mich auf das jeweilige Thema gut vor und machte mich mit den Zahlen, Daten Fakten vertraut. Dadurch vermied ich, dass ein Teilnehmer mir mangelndes Fachwissen oder fehlende Kompetenz vorwerfen konnte. Das ist jedoch bei der heutigen Informationsfülle leichter gesagt als getan.

So legte ich mir zum Beispiel für jede Besprechung eine Mappe (Klarsichthülle) an, in der ich in dem Zeitraum bis zum Besprechungstermin alle wichtigen Informationen sammelte (Protokolle, zum Thema passende wichtige Mails, kurze Stichpunkte zu Themen, die ich ansprechen wollte, weitere Unterlagen wie Präsentationen, usw.).

Zusätzlich überlegte ich mir zu den verschiedenen Themen, für die ich die Spezialistin war, Fragen mit den entsprechenden Antworten, die eventuell gestellt werden könnten. Auch hierzu fertigte ich mir eine kurze Liste mit den entsprechenden Stichworten an und legte diese in die Besprechungsmappe.

Zur letzten Vorbereitung auf den jeweiligen Besprechungstermin schaute ich mir dann die passende Mappe an und machte mich mit den darin befindlichen Unterlagen nochmals vertraut. So konnte ich sicher sein, dass die Wahrscheinlichkeit gering war, dass ich irgendetwas vergessen hatte. Da ich am Tag zwischen fünf bis zehn Besprechungstermine zu den unterschiedlichsten Themen und Projekten zu bewältigen hatte, war mir diese Methodik dabei sehr hilfreich.

Viele Jahre arbeitete ich im Immobilienbereich und jonglierte mit einer Vielzahl von Kennzahlen, Flächenzahlen, Budgetwerten und Zielerreichungsgraden. In jedem Meeting wurde ich nach irgendwelchen Zahlen gefragt. Die wichtigsten davon hatte ich alle auswendig parat. Allerdings gab es immer Daten, die ich nicht sofort aus dem Gedächtnis abrufen konnte, da sich viele Zahlen wöchentlich und monatlich veränderten. Außerdem war ich schließlich kein wandelnder Computer oder eine Datenbank auf zwei Beinen.

Um mir hier keine Blöße zu geben, stellte ich mir eine kleine Sammlung zusammen, die ich immer in meiner Besprechungsmappe gemeinsam mit Schreibblock und Kugelschreiber bei mir hatte. Das führte dazu, dass ich alle Fragen nach Zahlen beantworten konnte, nachdem ich einen kurzen Blick in meine Mappe geworfen hatte.

Kein Mensch kann sich in der heutigen Zeit der Informationsflut alles im Kopf merken, sondern man muss nur wissen, wie man sich selbst helfen kann. Das war clever gemacht und funktionierte immer – der neidische Blick meiner Kollegen war mir sicher.

An dieser Stelle möchte ich betonen, dass nicht jedes Mittel oder jede Methode, die mir geholfen hat, auch Ihnen hilft, denn ich bin ein Mensch, der manche Dinge noch in Papierform benötigt und nicht alles nur elektronisch verarbeitet. So kann eine Besprechungsmappe auch in Form eines Ordners auf dem Laptop angelegt werden.

Sie müssen Ihre eigenen Mittel finden, mit denen sie arbeiten können, zurechtkommen und die Ihren Neigungen entsprechen. Das Ziel ist aber dasselbe, nämlich Ihre gute Vorbereitung.

Punkt 2 – Eine Nacht darüber schlafen:

Wie oft ich unfreundliche Mails erhalten habe, in denen entweder ich oder meine Mitarbeiter beschimpft worden sind, kann ich nicht mehr zählen.

Da ich ein Mensch bin und keine Maschine, hat es mich in diesen Fällen schon sehr oft in den Fingern gejuckt, sofort eine entsprechend unfreundliche und deutliche Antwort zu schreiben. Alles muss man sich schließlich auch nicht gefallen lassen.

Da jedoch ein eventuell angerichteter Schaden durch eine unhöfliche Mail nur noch mit großem Aufwand wieder behoben werden kann, bevorzuge ich, darüber eine Nacht zu schlafen. Das hat den Vorteil, dass sich mein erhitztes Gemüt beruhigen und ich mich wieder auf das Wesentliche, nämlich auf die Sache konzentrieren kann.

Meine Antwortmails, die ich am nächsten Tag geschrieben habe, waren wieder sachlich, fundiert und sauber argumentiert. Zusätzlich zeigte ich dem Empfänger, dass ich mich nicht auf sein Niveau herablasse, auch wenn ich von ihm provoziert worden war.

Bei jeder Mail, die ich schrieb, überprüfte ich vor dem Versenden bewusst, ob ich bei meinen Worten sachlich geblieben war. Denn nichts ist schlimmer, als durch eine unbedachte Formulierung den Empfänger emotional „auf die Palme zu bringen".

In der Regel ist dieser anschließend aus lauter Verärgerung nicht mehr in der Lage, die Sachbotschaft in meiner Mail zu erkennen. Tja, und effiziente Kommunikation hat eindeutig ihre Vorteile. Denn die Zeit, die bei emotionalen Mails im Nachgang zum Glätten der Wogen benötigt wird, kann anderweitig sinnvoller verwendet werden.

Punkt 3 – Emotionen kontrollieren:

Eingangs habe ich bereits angesprochen, dass die eigene Laune nicht jeden Tag die beste ist. Unsere Umgebung sollte allerdings nicht darunter leiden und hat ein Recht darauf, fair behandelt zu werden. Ist ein verbaler Schaden erst angerichtet, brauchen wir anschließend eine große Portion Sekundenkleber, um das zerbrochene Porzellan und die zwischenmenschliche Beziehung wieder zu kitten. Diese Zeit kann zudem sinnvoller verwendet werden.

Zusätzlich machte ich die Erfahrung, dass mich Teilnehmer in Meetings mit emotionalen Ausbrüchen entweder ärgern oder amüsieren. Jedoch ernst nehmen, kann ich sie in beiden Fällen nicht. Außerdem leidet der Ruf der betreffenden Personen enorm, denn in der Regel sprechen sich solche emotionalen Ausbrüche in Windeseile herum.

Deshalb kann ich Ihnen nur empfehlen, argumentieren Sie immer auf der sachlichen Ebene und halten Sie Ihre aufbrausenden Emotionen unter Kontrolle, wenn Sie selbst ernst genommen werden wollen. Das bedeutet nicht, dass Sie gar keine Emotionen zeigen sollen, sondern lediglich, dass sie diese kontrollieren und im Griff halten. Sie werden sehen, die Mühe lohnt sich – Ihr Ansehen bzw. Image wird es Ihnen danken.

Punkt 4 – Zuverlässig sein:

Wie oft bin ich schon in Besprechungen gesessen und ein anderer Teilnehmer nahm sein akademisches Viertel in Anspruch, indem er fünfzehn Minuten zu spät erschien? Sehr oft – zu oft!

Mit Pünktlichkeit kommt man auch im elektronischen Zeitalter am weitesten. Allerdings ist nach wie vor in unserer Gesellschaft der Irrglaube verbreitet, dass es meistens Frauen sind, die zu spät kommen. Auf Basis meiner Erfahrungen ist dies jedoch nicht korrekt, denn diese Untugend ist nicht vom Geschlecht abhängig und ist somit zwischen Männern und Frauen gleichmäßig verteilt.

Ein weiterer Punkt ist, stehen Sie zu Ihren Versprechen. Nur wenn Sie das auch tun, was Sie zusagen, werden Sie ernst genommen. Das trifft auf viele Dinge zu, wie zum Beispiel das Einhalten von Terminen, das Erledigen von Aufträgen, das Versenden von zugesagten Informationen, die Teilnahme an Telefonkonferenzen und Meetings, und vieles mehr. Ihre persönliche Glaubwürdigkeit steht und fällt mit der Einhaltung Ihrer Zusagen und Versprechen.

Durch die konsequente Anwendung der vorher genannten Punkte war ich in der Lage, meine Angriffsflächen auf ein Minimum zu reduzieren, was aber nicht bedeutet, dass ich nie wieder welche hatte. Aber die Angriffsflächen, die aus Unachtsamkeit entstehen, konnte ich damit erfolgreich vermeiden. Probieren Sie es selbst aus!

Sich selbst kennenlernen

Eigentlich sollte man meinen, dass man sich selbst am besten kennt. Das würde auch zutreffen, wenn man es schaffen würde, immer ganz ehrlich zu sich selbst zu sein. Doch das ist keine einfache Übung, allerdings die Voraussetzung dazu.

Bei meinem äußeren Erscheinungsbild habe ich mich hinsichtlich einer aktuellen Einschätzung immer leichtgetan, da ich hierbei einfach nur in den Spiegel gucken musste, um die Wahrheit zu erkennen. So wusste ich schon in jungen Jahren, dass ich nicht zu der Sorte Frau gehöre, die über schlanke Rehbeine verfügt, sondern dass ich auf eher „sportlichen" Beinen im Leben unterwegs bin. Vermutlich habe ich wohl bei der Verteilung von schlanken Beinen zum falschen Zeitpunkt zu laut „hier" gerufen. Gut, dass es Hosen und lange Röcke gibt.

Bei meiner Persönlichkeitsstruktur ist das anders, denn diese kann ich nicht im Spiegel erkennen. Dabei ist es ja schon mal gut, mit den eigenen Schwächen und Stärken zu beginnen und sich diese bewusst zu machen. Aber jetzt geht es schon los – bin ich denn in dieser Hinsicht immer ganz ehrlich zu mir selbst? Das ist eine gute Frage.

Was hat mir dabei geholfen?

Im Rahmen meines ersten Führungsjobs besuchte ich ein Seminar für Führungskräfte, bei dem mitunter auch ein Persönlichkeitsmodell vorgestellt wurde. In diesem Fall handelte es sich um das DISG-Persönlichkeitsmodell, das sehr häufig zum Einsatz kommt. Am Markt gibt es jedoch auch noch andere Modelle, die alle das gleiche Ziel haben.

Diese Modelle helfen dabei, sein eigenes Verhalten kennenzulernen sowie die verschiedenen Ausprägungen und Verhaltenstendenzen von Kollegen/innen und Kunden zu verstehen. Die eigene Persönlichkeit wird mit Hilfe eines Fragebogens dem eigenen Stil bzw. den ausgewählten Prioritäten zugeordnet. Dabei steht die Abkürzung DISG für Dominanz, Initiative, Stetigkeit und Gewissenhaftigkeit, die auch die vier Grundtypen im DISG-Modell darstellen.

Was hat dieses Modell nun mit mir zu tun?

Natürlich habe ich den Fragebogen ebenfalls ausgefüllt. Dabei ist es am besten, wenn man ehrlich und ganz spontan antwortet.

Als Ergebnis kam bei mir zum Vorschein, dass ich von allen vier Grundtypen Eigenschaften in mir vereine – was völlig normal ist. Allerdings konnte ich zwei Grundtypen mit Priorität eins und zwei bei mir identifizieren. Kurz gesagt, von meiner Grundveranlagung her bin ich eher das introvertierte und zuverlässige Arbeitstier. Erst an zweiter Stelle tritt bei mir die extrovertierte Seite in Erscheinung, die mir zum Beispiel bei Vorträgen oder im Umgang mit anderen Menschen hilfreich ist.

Das genaue Ergebnis aus diesem Fragebogen ist sehr vielschichtig und lässt sich nicht in wenigen Sätzen festhalten. Ich habe mich intensiv damit auseinandergesetzt und die Erkenntnisse mit entsprechenden Praxissituationen abgeglichen.

Tja, was soll ich sagen? Das Thema Ehrlichkeit sich selbst gegenüber stand sofort wieder im Raum. Manche Punkte musste ich erst einmal verdauen, da ich mich persönlich gelegentlich anders eingeschätzt hatte. Bei genauerer und vor allem ehrlicher Betrachtung führte dieses Modell tatsächlich zur richtigen Einschätzung meiner Person. Das musste ich wohl oder übel akzeptieren.

Von da an beobachtete und analysierte ich mein eigenes Verhalten genauer. Bewusst achtete ich auf meine Reaktionen. Wie verhalte ich mich in Besprechungsrunden? Wie gehe ich mit Kollegen/innen um? Welche Arbeiten machen mir besonders viel oder gar keinen Spaß? Wie reagiere ich in schwierigen Situationen? Wie verhalte ich mich, wenn ich verbal angegriffen werde? Was ärgert mich am meisten, vor allem an mir selbst? Welche Situationen verunsichern mich? Was mache ich richtig, was mache ich falsch?

Diese Fragen stellte ich mir neben meinem Beruf auch in Bezug auf mein Privatleben. Zusätzlich konfrontierte ich mich selbst mit der Frage: „Wie verhalte ich mich gegenüber meinem Ehemann?" Oft konnte ich nicht alle Ereignisse, die mich intensiv beschäftigten, konsequent im Geschäft lassen. Das bedeutete, dass er die positiven und negativen Auswirkungen mit deutlicher Wucht zu spüren bekam.

Diese und weitere Fragen halfen mir weiter, um mich selbst, mein Verhalten und meine Reaktionen besser kennenzulernen. Die Antworten und Ergebnisse auf diese Fragen gefielen mir nicht immer. Allerdings identifizierte ich somit mein persönliches Entwicklungspotenzial, an dem ich nun konkret arbeiten konnte – beruflich wie privat. Der Anfang war getan ...

Besonders hilfreich waren mir die Erkenntnisse aus diesem Persönlichkeitsmodell auch dann, wenn ich diese bei Mitarbeitern angewendet habe. Erstens konnte ich den betreffenden Mitarbeiter und dessen Verhalten viel besser einschätzen, weshalb er sich gerade so und nicht anders verhielt. Zweitens lernte ich, wie ich mit Menschen des jeweiligen Grundtyps am besten umgehen sollte, um eine spannungsfreie Zusammenarbeit zu erleichtern sowie die gewünschten Ergebnisse und Ziele zu erreichen.

Zusammenfassend kann ich nur sagen, dass die Analyse meiner eigenen Person auf Basis dieses Persönlichkeitsmodells mich deutlich nach vorne brachte. Es ermöglichte mir, mich in einem anderen Licht zu sehen und meine Schwächen und Stärken besser einzuschätzen.

Sich selbst gut zu kennen, ist der Grundstein für vieles andere, das zum Erfolg führt. Zudem ist es ein sehr interessanter und spannender Weg, der jedoch unbedingte Ehrlichkeit sich selbst gegenüber voraussetzt. Trauen Sie sich, diesen Weg zu gehen!

It's showtime

Nachdem ich durch das Ergebnis des Persönlichkeitsmodells erfahren habe, dass ich in erster Linie eher ein introvertierter Mensch bin, wurde mir nun klar, weshalb ich mich zu Beginn meiner beruflichen Karriere mit Auftritten vor größeren Teilnehmergruppen etwas schwerer tat und Übung benötigte.

Ich bin nun mal nicht der Typ, der einen Raum betritt und sinnbildlich ruft: „Juhu, hier bin ich und wer seid Ihr?" Üblicherweise bin ich in solchen Situationen zurückhaltender und lasse zu Beginn lieber die anderen im Raum reden und taue erst allmählich auf.

Nur was hilft mir diese Verhaltensweise, wenn ich ein Teammeeting leiten oder als Fachspezialist einen Vortrag halten muss? Nichts, denn dann ist „showtime" angesagt und ich sollte deutlich schneller als üblich aus meinem persönlichen Schneckenhaus hervorkommen.

Ehrlich gesagt, das ist mir zu Beginn sehr schwergefallen. Ich musste viel üben und mich selbst dazu zwingen, offener und schneller auf andere Menschen zuzugehen.

Hilfreich war mir hierbei eines meiner Teams mit vierzig Mitarbeitern, wobei die Hälfte davon durch eine Restrukturierungsmaßnahme unfreiwillig dort gelandet war. Die Motivation dieser Mitarbeiter war entsprechend zurückhaltend – allgemein und auch mir gegenüber.

Regelmäßig führte ich Teammeetings mit allen Mitarbeitern durch. Bereits im Vorfeld wusste ich immer, dass dies keine einfachen Runden wurden, da ich mit vielen kritischen Meinungen und nicht immer mit freundlichen Kommentaren konfrontiert worden war.

Eigentlich wäre ich an solchen Tagen lieber im Bett geblieben, aber damit hätte ich das Problem nicht gelöst. Zudem war ich als Leiterin von diesem Team noch das sogenannte „Alphaweibchen", an das die Mitarbeiter entsprechende Erwartungen stellten. Natürlich wollte ich dieser Anforderung und Verantwortung auch voll gerecht werden.

Also was tun? Wie üblich bereitete ich mich auf diese Teammeetings besonders gut vor, sodass die fachlichen Themen mich nicht belasteten und ich den Kopf frei hatte für meinen persönlichen Auftritt.

Lächeln – gute Laune verbreiten – positive Stimmung erzeugen – alle Mitarbeiter mit Handschlag persönlich begrüßen – humorvoll agieren – keinen verbalen Angriff persönlich nehmen – gelassen bleiben – neben den ernsthaften Themen miteinander Spaß haben – gemeinsam lachen – mir „das Zepter nicht aus der Hand nehmen lassen" – genügend Freiraum für freie Meinungsäußerungen und Diskussionen einräumen – sachlich und nicht emotional argumentieren. Kurz gesagt, die zwischenmenschliche Beziehungsebene rundum positiv gestalten (die Sachebene deckte ich mit meiner guten Vorbereitung und meiner Fachkenntnis ab).

Ich war mir bewusst, dass ich vor solchen Teammeetings meine innere Einstellung ändern und meine extrovertierte Seite an mir zum Vorschein bringen musste. Diese ist ja auch vorhanden, nur nicht an erster, sondern an zweiter Stelle. Dies bedeutete, dass ich mein natürliches Verhalten ändern musste, indem ich sofort ab Beginn des Teammeetings auf „extrovertiert" umschaltete.

Durch die regelmäßige Übung gelang mir das immer besser und fiel mir leichter. Zudem hatte ich mir einen Trick überlegt, der für mich sozusagen den Startschuss darstellte.

Bevor ich das Gebäude oder den Raum für meinen Auftritt betrat, motivierte ich mich selbst mit dem Satz „It's showtime". Beinahe auf Knopfdruck legte ich meine Zurückhaltung wie einen Fußabstreifer vor der Eingangstüre ab. Und siehe da – es funktionierte. Dieser Satz wurde für mich mein persönlicher Schlüssel zum Umschalten, der mir ermöglichte, offener auf andere Menschen zuzugehen. In mein Schneckenhaus zurückziehen konnte ich mich ja wieder nach dem jeweiligen Meeting.

Über die Jahre hinweg stellte ich an mir eine Veränderung fest, indem ich meine natürliche Schüchternheit immer mehr ablegte. Diese kommt nun nur noch selten zum Vorschein und fällt anderen Menschen nicht mehr auf – nur noch mir selbst.

„It's showime" klappte bei mir hervorragend. Dies bedeutet allerdings nicht, dass dieser Ausspruch bei Ihnen auch automatisch funktionieren wird. Aber Sie können es ja mal versuchen. Falls es nicht klappt, geben Sie nicht auf, denn eventuell passt zu Ihnen eine andere Aussage oder ein anderer Satz, den Sie nur finden müssen. Suchen Sie gezielt danach!

Positives Denken anwenden

Grundsätzlich gehört zum positiven Denken dazu, dass die jeweilige Situation so akzeptiert wird wie sie ist. In den wenigsten Fällen können wir diese verändern. Wir sind jedoch in der Lage, unsere eigene Sichtweise zu der betreffenden Situation zu verändern, indem wir uns auf die positiven Aspekte konzentrieren und uns diese immer wieder vor Augen führen.

Vermutlich kennen Sie diese Tage auch. Wenn Sie morgens grimmig und übelgelaunt in den Spiegel blicken, wird das meistens kein so guter Tag. Und tatsächlich – häufig läuft alles schief und Sie sind abends noch schlechter drauf, als sie es morgens waren.

Damit sind wir nun schon beim ersten Schritt angekommen, nämlich beim positiven Start in den Tag und die eigene Laune in den Griff zu bekommen. Sich selbst am Morgen im Spiegel anzulächeln, ist schon ein sehr guter Start in den Tag. Zusätzlich hilft auch der Gedanke an etwas Schönes, egal ob dies etwas Erfreuliches am bevorstehenden Tag betrifft wie ein schönes Abendessen oder einfach etwas Grundsätzliches wie zum Beispiel, mir gefallen meine Haare heute besonders gut.

Die eigene gute Laune überträgt sich nämlich auf Ihre Mitmenschen und andersherum. Ich stellte sehr häufig fest, dass ich mit meiner schlechten Laune oft meine Mitarbeiter ansteckte und wir alle gemeinsam keinen guten Tag hatten. Das lag nun wirklich nicht in meiner Absicht.

Von meiner Grundeinstellung her gehöre ich zu den Menschen, die „das Glas halb voll" sehen und nicht automatisch halb leer. Das bedeutet, dass ich nicht sofort davon ausgehe, dass alles schiefläuft, was schiefgehen kann.

Im Gegenteil, ich gehe immer davon aus, dass alles klappt. Was jedoch nicht heißt, dass ich mich nicht damit auseinandersetze, was schiefgehen könnte. Das gehört sogar aus meiner Sicht zu einer guten Vorbereitung dazu, dass ich mich mit negativen Dingen oder Argumenten, zum Beispiel vor einer Besprechung, auseinandersetze und mir entsprechende Gegenargumente überlege. Dies hilft nämlich ebenfalls dabei, dass die Dinge gelingen.

In Situationen, in denen dann wirklich etwas schiefläuft, habe ich die Einstellung, das Beste daraus zu machen und davon zu lernen. Natürlich läuft im Beruf nicht alles glatt. Entscheidend ist doch, wie ich damit umgehe und dass ich daraus etwas lerne, um es in Zukunft besser zu machen und den gleichen Fehler nicht nochmals zu wiederholen.

Positives Denken umfasst auch meine eigene Einstellung zu mir selbst. Wenn ich über einen kleinen Bach springen will und mir vorher selbst einrede, dass ich das nicht schaffe, lande ich mit sehr großer Wahrscheinlichkeit im Wasser und bekomme nasse Füße. Also tue ich mir selbst einen Gefallen, wenn ich davon ausgehe, dass ich das, was ich heute vorhabe, auch schaffen werde.

Gerade in schwierigen Situationen ist das positive Denken äußerst wichtig, denn diese weisen nicht nur Nachteile, sondern auch Vorteile auf. Jede negative Situation hat auch etwas Gutes an sich und etwas, was wir daraus lernen können - wir müssen es nur finden und uns darauf konzentrieren. Es erleichtert den Umgang mit der negativen Situation und hilft uns, optimistischer in die Zukunft zu blicken.

Das positive Denken lässt sich auch auf unsere Mitmenschen übertragen. Bestimmt kennen Sie auch folgende Situation, mit der ich gelegentlich konfrontiert worden war. Die Kollegin am Nachbarschreibtisch muss am Nachmittag bei einer Besprechung in einer anderen Abteilung eine Präsentation vorstellen. Entsprechend nervös und zappelig ist sie an diesem Tag. Zudem hat sie sich für diese Herausforderung extra chic angezogen – zumindest ihrer Meinung nach.

Nun stellt sie mir die Frage, wie mir ihr Outfit gefällt. Oh oh, da droht jetzt wieder Ungemach. Das ist jetzt eine Frage, bei der ich ins Grübeln komme, ob ich zu diesem Zeitpunkt die schonungslose Wahrheit loswerden will oder nicht.

Das Oberteil der Kollegin, bestehend aus einer weißen modischen Bluse und einem schwarzen Kurzblazer, steht ihr sehr gut. Der passende schwarze Rock ist allerdings viel zu eng und unvorteilhaft. Sofern ich ihr dies nun bei einer ganz ehrlichen Antwort sagen würde, würde sich die Kollegin vermutlich am Nachmittag nicht ganz wohl in ihrer Haut fühlen. Das könnte sogar soweit führen, dass sie nicht die volle und notwendige Konzentration für ihre Präsentation aufbringen und somit unsicher wirken könnte.

Will ich ihr das vor dem Termin antun? Klares Nein!

Ich suche etwas an ihr, das mir besonders gut gefällt und zwar ganz ehrlich. So antworte ich ihr, dass die Bluse und ihr Gürtel ganz toll harmonieren und ihr hervorragend stehen. Somit verunsichere und verletze ich sie zu diesem Zeitpunkt nicht und sie hat den Kopf frei für die Präsentation am Nachmittag.

Was ich jedoch nicht über mich bringe, ist zu lügen und ihr zu sagen, dass ihr Rock doch supertoll sei – da sage ich lieber gar nichts dazu oder die schonungslose Wahrheit zum richtigen Zeitpunkt. Sobald sie von ihrem Termin wieder zurück ist, nehme ich sie beiseite und rede mit ihr unter vier Augen auch über ihren zu engen Rock. Insgeheim hoffe ich, dass sie bei ihrer Präsentation hinter einem Tisch stand.

Eine positive Grundeinstellung im Leben, mir selbst und anderen gegenüber, sowie die Freude an den kleinen und alltäglichen Dingen im Alltag helfen mir, mein Leben mehr zu genießen und berufliche Herausforderungen leichter zu bewältigen. Zudem wirkt sich diese Einstellung ebenfalls positiv auf die zwischenmenschlichen Beziehungen aus und hilft, Spannungen zu reduzieren. Und ist es nicht das, was jeder von uns will?

Durststrecken überstehen

Der Idealfall ist, dass die eigene berufliche Karriere immer steil nach oben führt. Entspricht das allerdings der Wahrheit und dem wahren Leben? Nicht immer.

Am eigenen Leib konnte ich mich davon überzeugen, dass es Durststrecken im Berufsleben gibt und dass diese alles andere als angenehm sind. So befand ich mich beim dritten Führungsjob in meiner Karriere wieder einmal in der Situation, dass eine grundlegende Umorganisation meines Bereiches anstand.

Zu diesem Zeitpunkt war ich als Marketingleiterin beschäftigt und wollte dies auch bleiben. Alle Zeichen standen gut für mich, da ich auf die Rückendeckung der meisten Geschäftsleitungsmitglieder unserer Niederlassung zählen konnte. Bevor die Umorganisation überhaupt durch ein Ausschreibungsverfahren für die Führungskräfte gestartet wurde, bekam ich bereits Aufträge, die zu meinem voraussichtlich zukünftigen Aufgabenbereich gehörten. Ich wurde bereits als sogenannte „Kronprinzessin" für einen der neuen Jobs gehandelt. Sehr schön!

Das lief soweit alles ganz gut. Allerdings hatte ich nicht die persönliche Meinung des Niederlassungsleiters berücksichtigt, der eine ganz andere Strategie verfolgte. Das Ganze nahm eine für mich sehr überraschende Wendung, indem ich plötzlich von einem Monat auf den anderen ohne Job dastand und im Überhang ohne konkrete Aufgabe landete. Na bravo. So hatte ich mir das jedenfalls nicht vorgestellt.

Die Analyse meiner Situation zeigte mir auf, dass ich eine sehr gute Zielerreichung, ein gutes Team und eine konstruktive Zusammenarbeit mit allen Vertriebsleitern vorweisen konnte. Das waren zumindest die positiven Punkte, die mir sofort eingefallen waren. Auf meine gezielte Nachfrage hin erhielt ich als Antwort, ich hätte zu wenig Selbstmarketing betrieben. Das war in diesem Moment für mich nicht wirklich aufschlussreich, sondern erst später.

Was passierte im Anschluss daran? Hui, dann ging es rund. Innerhalb von zwei Tagen waren meine Mailadresse gelöscht und mein Name aus allen niederlassungsinternen Mailverteilern entfernt worden. Somit war ich von allen Informationen abgeschnitten und mir wurden keine Aufgaben mehr übertragen.

Dennoch beherzigte ich meine persönliche Strategie, keine Angriffsflächen zu bieten und erschien jeden Tag im Büro an meinem Schreibtisch. Dieser und auch der Laptop wurden mir Gott sei Dank nicht sofort weggenommen. Ich ließ mich auch nicht krankschreiben und nahm keinen Urlaub, um der unangenehmen Situation zu entfliehen. Schließlich wollte ich mir keine Arbeitsunwilligkeit vorwerfen lassen und stand somit jeden Tag zur Verfügung.

Da ich nun viel Zeit zum Lesen hatte, studierte ich intensiv die internen Medien unserer Niederlassung. Mann, war ich gut informiert in dieser Zeit – so gut wie noch nie. Die tägliche Anwesenheit an meinem Arbeitsplatz hatte nur einen Haken, er lag circa 120 km von meinem Wohnort entfernt und dennoch hielt ich das eisern durch.

Das Schlimmste an dieser Situation war jedoch das Verhalten der meisten Kollegen aus dem Vertrieb. Zuvor arbeitete ich täglich sehr eng mit den Kollegen zusammen und wir verstanden uns im Großen und Ganzen recht gut.

Plötzlich, von einem Tag auf den anderen, grüßten mich die gleichen Kollegen nicht mehr, wenn sie mir auf dem Flur begegneten. Na klasse – ich war ja nicht mehr wichtig. Das führte dazu, dass ich nicht mehr viel Kontakt mit anderen Kollegen hatte und erst zu einem späteren Zeitpunkt verstand, dass diese Isolierung gezielt vorangetrieben worden war.

Dieser Zustand hielt ganze drei Monate an und ich ließ mich nicht unterkriegen. Ab dem vierten Monat veränderte sich die Lage wieder, indem ich ein erstes kleines Projekt übertragen bekam. Es folgten noch weitere Projekte, die ich in der Nachfolgezeit erfolgreich zum Abschluss brachte.

Durch das letzte große Projekt konnte ich wieder in einem Bereich Fuß fassen und erhielt ein halbes Jahr später einen neuen Führungsjob im Immobilienbereich. Von da an ging es mit meiner Karriere steil bergauf – wer hätte das gedacht.

„Wenn eine Tür zugeht, geht eine andere auf." Ja, ich kann bestätigen, dass dieser Spruch stimmt. Das Dumme daran ist, dass der zeitliche Ablauf nicht immer gut passt. Denn so war es bei mir. Ich musste eine Durststrecke von einem ganzen Jahr überbrücken und durchstehen, bevor es wieder aufwärts ging. Das Durchhaltevermögen hatte sich jedoch gelohnt.

Rückblickend bin ich meinem damaligen Arbeitgeber sehr dankbar, dass es mir ermöglicht wurde, verschiedene Berufe im gleichen Konzern auszuüben, ohne dass ich das Unternehmen wechseln musste.

Manche Abzweigung wählte ich zwar nicht freiwillig, aber insgesamt haben mich diese Erlebnisse nur robuster werden lassen. Unter dem Strich waren sie sogar sehr positiv für meine persönliche Entwicklung sowie für meine berufliche Karriere. Also rate ich Ihnen, halten Sie in einer ähnlichen Situation durch!

Selbstmarketing gezielt einsetzen

Aufgrund meiner beruflichen Durststrecke wusste ich nun, dass mein Selbstmarketing gleich null war und ich in diesem Bereich ein deutliches Verbesserungspotenzial aufwies.

Außerdem hatte ich mir selbst geschworen, dass ich nie wieder einen Job verlieren will, nur weil ich mich selbst nicht genügend dargestellt habe. Also überlegte ich mir, in welchen Punkten ich mich verbessern musste und mit welchen Mitteln mir das gelingen könnte.

Punkt 1 - Sichtbar werden:

Mein Persönlichkeitsprofil zeigte mir in der Vergangenheit bereits auf, dass ich das fleißige Arbeitsbienchen war, das jedoch nicht wild darauf war, ständig als „Vorturner" zu agieren und die Aufmerksamkeit auf sich zu lenken. Tja, dann musste ich das wohl schweren Herzens ändern, um meine Leistung und mich sichtbar zu machen.

Ab sofort meldete ich mich öfters freiwillig für Projekte, entweder als Projektmitglied oder auch für die Projektleitung. Dies bewirkte, dass ich nicht nur in meiner eigenen Abteilung, sondern auch übergreifend bekannter wurde. Mit meinem Namen und meinem Gesicht konnten daraufhin auch andere Bereiche etwas anfangen und stellten immer seltener die Frage: „Wer ist das denn?".

Zudem habe ich mich überwunden und die Ergebnispräsentationen selbst vorgestellt oder gemeinsam mit einem Spezialisten. Auch Fachvorträge in anderen Bereichen übernahm ich freiwillig und zunehmend häufiger. Dies unterstützte mein Vorhaben, bekannter bzw. sichtbarer zu werden, ebenfalls.

Außerdem gibt es etwas, das sogar noch besser wirkt als Selbstmarketing – nämlich positive Mundpropaganda durch Kollegen/innen aus anderen Abteilungen. Hatte mein Vortrag jemandem gefallen, so sprach er anschließend mit Kollegen darüber und half dadurch unbewusst mit, meinen Bekanntheitsgrad zu steigern.

Punkt 2 – Selbstdarstellung bzw. Erfolge darstellen:

Das Thema Selbstdarstellung hat mich ganz schön beschäftigt und mich zum Schwitzen gebracht. Wäre ich ein Mann gewesen, dann wäre es mir ganz leichtgefallen, über meine persönlichen Erfolge oder die meines Teams oft und lautstark zu sprechen. Schließlich ist geschicktes Selbstmarketing einer der Schlüssel zum Erfolg. Nur gut zu sein, reicht nicht aus – man muss auch wahrgenommen werden.

Da ich aber bekanntermaßen eine Frau bin, wollte mir die in meinen Augen sogenannte erforderliche „Selbstbeweihräucherung" nicht wirklich gut und schon gar nicht auf Anhieb gelingen. Intensiv setzte ich mich mit diesem Thema auseinander und überlegte, wie ich es schaffen könnte, meine Erfolge unaufgefordert aufzuzeigen oder darauf hinzuweisen, ohne dabei aufdringlich zu wirken.

Hier stand mir eindeutig meine typisch weibliche Verhaltensweise, mein Licht unter den Scheffel zu stellen, im Weg. Eines hatte ich bis zu diesem Zeitpunkt nämlich schon an Kollegen bemerkt, die schneller Karriere machten als ich. Bescheidenheit ist eine Zier – weiter kommt man ohne ihr. Also, an dieses Thema musste ich ran.

Wie gelang mir hier eine Verbesserung?

Ich konzentrierte mich darauf, die Zahlen, Daten, Fakten aus meinem Bereich und von meinem Team ständig aktuell zu wissen. Zusätzlich fertigte ich mir meine persönliche Liste der sogenannten Highlights aus meinem Bereich an: Wichtige Projekte, erfolgreiche Maßnahmen, wichtige Einsparungen, gute Ideen bzw. Verbesserungsvorschläge, usw., die ich ebenfalls immer parat hatte.

Und siehe da, bei vielen Gelegenheiten in den verschiedenen Meetings oder Telefonkonferenzen konnte ich sehr wohl bei passender Gelegenheit immer wieder Informationen einfließen lassen, ohne dass dies von anderen Teilnehmern als übertrieben oder aufdringlich empfunden wurde.

Auch hierzu benötigte ich lediglich eine gute Vorbereitung und Mut. Denn eines ist sicher, wer sich in Meetings nur als der stille Zuhörer zeigt, wird nicht gehört und schlichtweg übersehen.

Punkt 3 – Klare Position beziehen:

Da ich ja das fleißige Arbeitstierchen war, habe ich viele Aufträge angenommen und erledigt, ohne Forderungen zu stellen oder bestimmte Rahmenbedingungen einzufordern. Zwar genoss ich den Ruf, dass ich sehr gute Arbeit leistete, allerdings klebte an mir auch das Image, dass ich sehr gutmütig sei und dass man mit mir viel machen könne. Stimmt – da musste ich an meinen Grenzen arbeiten.

Was habe ich gelernt, um hier besser zu werden?

An erster Stelle, klar und deutlich Nein zu sagen. Auch ich habe als Frau dazu tendiert, selten oder gar nicht irgendetwas abzulehnen, denn Frau will es ja jedem recht machen und niemanden vor den Kopf stoßen. Das half nur mir selbst nicht weiter und siehe da, mit etwas Übung konnte ich ganz freundlich, charmant lächelnd und höflich, aber bestimmt Nein sagen.

Zudem lernte ich, klare und deutliche Aussagen zu treffen, die nicht fehlinterpretiert werden konnten. Dabei merkte ich schnell, dass es hierbei insbesondere auf den positiven Tonfall und die exakte Wortwahl ankam. Es ist sehr wohl möglich, nicht ganz so angenehme Dinge schonend und klar auf sachlicher Ebene seinem Gegenüber zu übermitteln.

Ein entscheidender Punkt war auch für mich, konkrete und realisierbare Forderungen zu stellen - das musste ich ebenfalls üben. Wenn ein Mann ein Projekt übernimmt, sagt er meist sofort Ja und stellt dabei klar, dass er hierzu einen Mitarbeiter im Projektoffice benötigt, um erfolgreich zu sein.

Ich als Frau bin bei meinem ersten Projekt gar nicht auf die Idee gekommen, dass ich hier entsprechende Forderungen stellen könnte oder mir die Frage stellte, was brauche ich für die neue Aufgabe. Also habe ich das Projektoffice auch noch gleich miterledigt und entsprechend länger gearbeitet – blöde Idee.

Bei meinem nächsten Projekt versuchte ich es ebenfalls, Forderungen zu stellen, die sachlich begründet und nachvollziehbar waren. Siehe da – es funktionierte, denn diese wurden auf Anhieb erfüllt! Das hätte ich bereits früher machen können, kam mir die Erkenntnis.

Zusätzlich erkannte ich im Nachgang, dass ich mit mehr Respekt behandelt worden war und nicht mehr das Image hatte, mit mir könne man ja alles machen. Nein, ich hatte mir den Ruf erworben: „Die kämpft für ihre Sache – hart aber fair".

Punkt 4 – Strukturierte Kommunikation:

Jemandem zuzuhören, der ein Thema strukturiert und pointiert vorstellt, macht richtig Spaß und spart Zeit, denn jeder versteht sofort, um was es geht.

In meinen jungen Jahren redete ich schon mal viel und musste meinen Gesprächspartner gelegentlich erst wieder abholen, sodass dieser mir folgen konnte. Dabei half mir mein sogenanntes „Tannenbaum"-Bild.

Ein Tannenbaum besteht aus einer Spitze, darunter aus mittelbreiten Zweigen und ganz unten aus ausladenden Ästen. Dieses Schema aus „Spitze, Mitte und ausladende Basis" habe ich auf meine Kommunikation übertragen und angewendet.

Wie ging das? Ganz einfach.

Wenn ich über ein Thema reden wollte, und zwar egal ob mit meinem Chef, meinen Mitarbeitern oder Kollegen, benannte ich zuerst das Thema, das der Spitze der Tanne entsprach. Anschließend zeigte ich die weiteren wichtigen Themenunterpunkte auf, was der Tannenbaummitte gleichkam. Somit wusste mein Gesprächspartner sofort, über was ich mit ihm mit welchen Schwerpunkten reden wollte. Erst im Anschluss stellte ich die detaillierten Einzelheiten zu jedem Themenschwerpunkt vor, was den ausladenden unteren Ästen der Tanne entsprach.

Mit dieser Vorgehensweise stellte ich sicher, dass ich nicht sofort mit den Einzelheiten in ein Thema reingesprungen bin, ohne dieses vorher zu benennen. Durch diese Struktur konnte mir mein Gegenüber sehr schnell folgen und erhielt einen strukturierten Überblick über das jeweilige Thema. Na, das war doch mal effizient.

Übrigens, viele Menschen neigen dazu, erst die Einzelheiten zu erzählen, bevor sie das Thema benennen. Dabei fehlt ihnen der Fokus auf das Wesentliche und sie verzetteln sich häufig. Das stellte ich auch bei meinen verschiedenen Mitarbeitern fest. Sobald ich bei ihnen das Tannenbaum-Schema vorgestellt hatte, reichte später nur die Erwähnung des Wortes „Tannenbaum" aus, um ein unstrukturiertes Gespräch in die richtige Richtung zu lenken. Das sparte für beide Seiten Zeit und Nerven.

Gezieltes Selbstmarketing ist Voraussetzung für den Erfolg im Beruf, denn Erfolg ist nicht immer fair. Das Gute daran ist, Selbstmarketing lässt sich erlernen. Wichtig dabei ist, sich von Blendern und Aufschneidern zu unterscheiden und sich trauen, sich zu zeigen. Ich rate Ihnen, fallen Sie positiv auf!

Professionell präsentieren

Professionell präsentieren will gelernt sein. Hierzu benötigt man viel Geduld und Übung. Leichter geht das Ganze mit professioneller Hilfe bzw. Anleitung, indem ein entsprechendes Seminar besucht wird.

In meinen beruflichen Anfängen konnte ich das Präsentieren oder das Halten von Vorträgen nicht ausstehen. Ich wollte nicht gerne vor vielen Menschen stehen und reden - ich war einfach unsicher und wahnsinnig aufgeregt. Das war ganz und gar nicht gut.

Deswegen war es eine ausgezeichnete Idee, ein Rhetorikseminar zu besuchen. Zu diesen Seminaren gehört auch die Feedback-Kultur durch die anderen Schulungsteilnehmer und des Kursleiters.

Was hat mir dabei besonders geholfen?

Durch die ehrlichen Rückmeldungen erfuhr ich sehr viel über meine Stärken beim Präsentieren. Besonders aufschlussreich waren die Informationen über meine Schwächen, Angewohnheiten und Marotten, an denen ich arbeiten musste.

Eine meiner Stärken liegt zum Beispiel darin, dass ich beim Vortragen einen festen Stand besitze. Das bedeutet, dass ich nicht aus Unsicherheit unbewusst mehrere Schritte von rechts nach links laufe oder ständig das Gewicht von einem auf das andere Bein verlagere. Im Gegenteil, ich stehe voll und ruhig auf beiden Beinen und zapple nicht in der Gegend herum. Dies vermittelte den Zuhörern automatisch ein Gefühl von Ruhe und Sicherheit meiner Person.

Ich wusste nun, dass ich mich beim Präsentieren nicht auf meinen Stand konzentrieren musste, da dies von selbst klappte. Zudem wusste ich um meine ruhige Ausstrahlung, die Kompetenz vermittelte. Na, wenn die Zuhörer geahnt hätten, wie weich meine Knie dabei waren und wie aufgeregt ich tatsächlich war, ohne dass meine Gegenüber etwas davon bemerkten. Das war doch endlich ein Erfolgserlebnis auf dem weiten Weg zu einem professionellen Vortragenden.

Regelmäßig machte ich mir vor Präsentationen bewusst, worin meine Stärken lagen wie zum Beispiel eine gute Intonation und Stimmmodulation. Mühelos konnte ich abwechslungsreich meine Tonhöhe variieren, ohne darauf achten zu müssen und ohne monoton zu wirken. Das verringerte ebenfalls deutlich meine innere Aufregung.

Nach dem Seminar nahm ich mir einen Punkt vor (nur einen und nicht mehrere), an dem ich gezielt arbeiten wollte. Das war bei mir wieder einmal das Lächeln. Von den anderen Kursteilnehmern hatte ich die Rückmeldung erhalten, dass ich zwar kompetent wirke, jedoch durch mein ernstes Gesicht etwas „abtörnend".

Wenn ich lächle, gehe angeblich die Sonne auf und dass ich dies doch öfter und gezielter einsetzen solle. Okay – dann werde ich eben zukünftig darauf achten, dass mir bei meinen Präsentationen nicht ständig das Lachen vergeht.

Nachdem ich diesen Punkt verbessern konnte, indem ich häufiger an die guten Ratschläge aus diesem Seminar dachte, wagte ich mich das nächste Thema heran.

Wichtig ist dabei, dass man sich nicht zu viele Punkte auf einmal vornimmt, an denen gleichzeitig gearbeitet werden soll. Denn das funktioniert in der Praxis bei uns Menschen nicht.

Wirkungsvoller ist hierbei die Methode, sich nur jeweils ein Thema vorzunehmen. Erst wenn dieses automatisiert abläuft und dauerhaft verbessert worden ist, sodass man sich nicht mehr darauf konzentrieren muss, kann man das nächste Verbesserungspotenzial anpacken.

Wer hätte gedacht, dass ich am Präsentieren Spaß finden würde? Ich auf jeden Fall nicht, aber genau das ist eingetreten. Je mehr Übung und Sicherheit ich bekam, umso mehr Spaß hatte ich daran, insbesondere da die positiven Rückmeldungen immer mehr wurden. Irgendwann gewann ich die Erkenntnis, dass ich darin sogar richtig gut bin und dies zu meinen Stärken gehört.

Die Anstrengungen hatten sich auf jeden Fall gelohnt. Zusätzlich profitiere ich auch in meinem Privatleben davon, denn eine Rede auf einer Geburtstags- oder Hochzeitsfeier vor vielen Menschen zu halten, bewältige ich nun mit „links".

Übrigens, es ist nicht schlimm, in einem Vortrag hängen zu bleiben oder einen Versprecher zu haben. Am leichtesten lässt sich eine solche Situation bewältigen, indem sie mit einer humorvollen Bemerkung überbrückt wird. Denn das Todschweigen funktioniert sowieso nicht, da ja bereits alle Zuhörer den Ausrutscher mitbekommen haben.

Am besten ist es in diesem Fall immer noch, sich selbst nicht zu ernst zu nehmen, den Fehltritt kurz mit Humor anzusprechen und gemeinsam darüber zu lächeln. Diese Art und Weise, mit einem verbalen Ausrutscher umzugehen, beweist die Souveränität des Vortragenden.

Ein weiterer wichtiger Punkt, um professionell zu präsentieren, ist das Erstellen der Präsentation bzw. deren Inhalt. Hier trifft eindeutig der Satz zu: „Weniger ist mehr." Was meine ich damit?

In sehr vielen Meetings saß ich als Teilnehmer bei Präsentationen ziemlich gelangweilt am Tisch. Einer der Gründe hierfür war, wenn auf einer Seite in einer Powerpoint-Präsentation jedes Wort steht, das der Vortragende spricht, dann liest dieser den Text nur ab.

Diese Art und Weise des Redens langweilt die Zuhörer, da dem Vortrag die Lebendigkeit fehlt. Zudem erfährt das hoffentlich aufmerksam lauschende Publikum keine zusätzlichen und interessanten Informationen, die nicht auf den Folien stehen.

Erst diese lassen einen Vortrag interessant sowie abwechslungsreich wirken und halten die Zuhörer auf Spannung. An mir selbst stellte ich in diesen Situationen fest, dass ich ständig den Text las, dem Redner voraus war und insgeheim vor mich hin gähnte.

Ein weiterer Grund für eine nicht fesselnde Präsentation ist, wenn auf jeder gezeigten Seite nur Text steht und kein einziges Bild zum Auflockern vorhanden ist. Für Text würde auch Word ausreichen, da bräuchte man kein Powerpoint-Programm. Diese Software bietet gerade eben den Vorteil, dass hier neben Text mit Bildern, Tabellen, Grafiken usw. gearbeitet werden kann.

Nachdem ich in meinem Job auch einige Präsentationen für den Konzernvorstand erstellt habe, weiß ich, wie wichtig es ist, eine gute Mischung aus Text und Bild hinzubekommen, um das Interesse der Zuhörer zu wecken und aufrechtzuerhalten. Außerdem lassen sich manche Dinge mit Bildern besser veranschaulichen. Nicht umsonst gilt der Satz: „Ein Bild sagt mehr als tausend Worte."

Ein besonderes Erlebnis ist mir von meiner Marketingzeit in Erinnerung geblieben. Wir hatten eine Veranstaltung für circa hundert Großkunden vorbereitet und mehrere Vortragende zu verschiedenen Fachthemen und einen Moderator engagiert. Zur Ankündigung des letzten Vortragenden unterlief dem Moderator ein Fauxpas, der jedoch sehr tiefgründig war. Er moderierte den Spezialisten mit den Worten an: „Haben Sie Powerpoint oder etwas zu sagen?" Das saß dann.

Ein Vortrag ist dann erfolgreich, wenn die gezeigte Präsentation interessant und abwechslungsreich erstellt sowie präsentiert worden ist. Dabei sollte der Vortragende seine verbale Ausdrucksfähigkeit durch freies reden (und nicht ablesen) sowie seine Kompetenz und Sicherheit durch Ausstrahlung und eine professionelle Verhaltensweise unter Beweis stellen.

Zusätzlich sollte er sich auf das Wesentliche fokussieren und sich nicht in unnötigen Ausschweifungen verlieren. Für Ihren nächsten Vortrag drücke ich Ihnen die Daumen und wünsche Ihnen gutes Gelingen!

Verschwiegenheit beweisen

Das mit der Verschwiegenheit ist so eine Sache. Keiner von uns will, dass eine vertrauliche Information am nächsten Tag im ganzen Betrieb ihre Kreise zieht und buchstäblich intern am schwarzen Brett hängt.

Wissenschaftliche Untersuchungen zeigen, dass wir Frauen mehr kommunizieren als Männer, und zwar egal ob im Beruf oder im Privatleben. Mehr kommunizieren bedeutet jedoch nicht, dass Frauen keine Geheimnisse für sich behalten können oder automatisch vertrauliche Informationen weitergeben. Im Gegenteil, die Menschen mit der höchsten Verschwiegenheit, die ich kennenlernen durfte, waren Frauen. Allerdings erlebte ich auch genau das Gegenteil.

Eine meiner Mitarbeiterinnen war das Auskunftsbüro schlechthin. Besonders Informationen, die als vertraulich bezeichnet worden sind, gingen noch viel schneller in Umlauf als „normale" Informationen. Der Vorteil von diesen Personen ist, dass diese sehr schnell Informationen verbreiten können, sofern man dies gezielt und gewollt bei Bedarf nutzen will. Auch nicht schlecht – gewusst wie!

In der Regel will sich jedoch jeder von uns darauf verlassen können, dass hochsensible Themen auch vertraulich behandelt werden. Dieses Vertrauen muss sich allerdings jeder erst verdienen.

Da ich in meinem Leben bereits sehr häufig schlechte Erfahrungen damit gemacht hatte, dass vertrauliche Informationen von mir und auch über mich gegen meinen Willen in Umlauf gebracht worden sind, änderte ich entsprechend meine Vorgehensweise.

Bei meinen Führungsjobs testete ich meine Mitarbeiter gezielt, in wieweit ich ihnen vertrauliche Informationen überlassen konnte. Aus diesem Grund gab ich an einzelne Personen unterschiedliche, sogenannte vertrauliche Informationen weiter, deren Bekanntgabe keinen Schaden angerichtet hätte.

Anschließend musste ich nur abwarten, welche als vertraulich gekennzeichnete Information in den darauffolgenden Tagen ihre Kreise zog, sodass ich die Quelle identifizieren konnte. Über die Ergebnisse war ich nicht nur einmal überrascht. Außerdem erkannte ich keinen geschlechterspezifischen Unterschied. Männer können die gleichen Plaudertaschen sein wie Frauen und umgekehrt.

Eines hat jedoch jeder von uns selbst in der Hand, nämlich die eigene Verschwiegenheit bzw. Diskretion. In meinem Berufsleben hat mich ein Umstand immer wieder sehr geärgert. Wenn unsere Geschäftsleitung streng vertrauliche Informationen zwecks frühzeitiger Einbeziehung an uns Führungskräfte weitergegeben hatte und einer/eine konnte diese nicht für sich behalten, bekamen wir anschließend jedes Mal einen kollektiven Rüffel. Das ärgerte mich maßlos. Denn auch diejenigen unter uns, die Stillschweigen bewahrt hatten, erhielten somit ebenfalls eine in diesem Fall ungerechtfertigte verbale Klatsche. Ich hätte es eindeutig bevorzugt, wenn die undichte Stelle namentlich ermittelt worden wäre, was in den meisten Fällen auch möglich war. Eine individuelle Ermahnung der betreffenden Person wäre aus meiner Sicht wesentlich wirksamer gewesen und hätte nicht alle anderen unnötig vor den Kopf gestoßen.

Um im Beruf weiterzukommen, ist es unablässig, Verschwiegenheit zu pflegen und die Diskretion zu wahren. Das Gegenteil zerstört das mühsam aufgebaute Vertrauen in die eigene Person und kann zudem weitreichende Konsequenzen nach sich ziehen. Also, der Genießer schweigt – das trifft auch hier zu.

Richtig loben und Komplimente machen

Sehr häufig gilt im Geschäftsleben der Satz: „Nicht geschimpft ist gelobt genug." Nun ja, das zur Theorie. Ein Lob auszusprechen, bedeutet für den Betroffenen Anerkennung und tut einfach gut, weil es Balsam für die Seele ist. Nebenbei ist es ein nicht zu unterschätzendes Instrument, um Menschen zu motivieren und ihr Verhalten zu verändern. Loben und Komplimente machen erzeugen eine mächtige Wirkung, sofern beides ehrlich gemeint ist und richtig eingesetzt wird.

Ein gut platziertes Lob und ein wohlgemeintes Kompliment sind eine Gratwanderung zwischen dem richtigen Maß und einer Übertreibung. Der Effekt kann dabei sehr unterschiedlich ausfallen. Durch ein verunglücktes Lob besteht die Gefahr, dass der Betroffene eher beleidigt reagiert, als davon angetan ist. Daher empfehle ich Ihnen, achten Sie genau auf Ihre Wortwahl.

Ein Lob ist eine Form der Wertschätzung und Anerkennung. Entsprechende Komplimente steigern meist die Leistung der Betreffenden. Dies funktioniert aber nur, wenn der mit einem Lob bedachte Kollege auch erkennt, dass das Lob ernst gemeint und nicht völlig übertrieben ist. Nun ja, das kann auch der Fehltritt des Tages werden.

Außerdem ist bei einer Übertreibung das Risiko sehr hoch, als Schleimer dazustehen, was jedoch niemand will. Als Schleimen werden Komplimente sehr schnell empfunden, die dem Ziel dienen, Botschaften zu senden, die der andere unbedingt hören will.

Dabei sollen Sympathien verstärkt geweckt werden und der Angesprochene soll einen selbst in einem positiven Licht sehen. Tja, dieses Licht kann sich dann auch mal ganz schnell etwas verdunkeln, wenn das Kompliment völlig übertrieben ist oder zum Beispiel dem Chef nur nach dem Mund gesprochen wird.

Ein echtes Lob vermittelt dagegen die eigenen Werte und was einem wichtig ist. Somit verstärkt es ein gewünschtes Verhalten und bestätigt den anderen darin, in gleicher Weise fortzufahren. Die Botschaft lautet: „Nur zu und mach weiter so." Leider loben wir selbst in der Praxis viel zu selten und erhalten auch nicht häufig ein Lob oder Kompliment von anderen. Das ist echt schade, denn die positive und motivierende Wirkung steht außer Zweifel.

Zudem erleichtert ein ehrlich gemeintes Kompliment die zwischenmenschlichen Beziehungen enorm. Stellen Sie sich vor, Ihre Kollegin fragt Sie sehr häufig danach, wie Ihnen deren Kleidung gefällt. Allerdings unterscheidet sich der Kleidungsgeschmack der Kollegin von Ihrem eigenen gravierend und Sie finden selten Gemeinsamkeiten, welche Sie beide für gut und chic halten.

Wenn Sie jedes Mal antworten würden, dass Ihnen die Kleidungsstücke ihrer Kollegin gar nicht gefallen, wäre diese mit großer Wahrscheinlichkeit sehr verletzt und die Zusammenarbeit mit ihr schwieriger. Ein praktischer Tipp zur Anwendung im Alltag besteht darin, dass Sie in solchen Fällen ein ganz konkretes Kompliment machen, das sich auf etwas bezieht, was Ihnen auch tatsächlich gut an der Kollegin gefällt.

Beispielsweise könnten Sie ihr ein Kompliment für die tollen Ohrringe machen, die sie trägt, oder für die schönen Schuhe, die super zum restlichen Outfit passen. Ihr Kompliment wird bestimmt mit einem strahlenden Lächeln belohnt. Über Geschmack lässt sich bekanntlich nicht streiten, da dieser nun mal verschieden ist und nicht alle Menschen denselben teilen – was auch gut so ist.

Wie fühlen Sie sich, wenn Sie ein Lob erhalten?

Meistens richtig gut und vermutlich blühen Sie anschließend regelrecht auf. So ergeht es zumindest mir, wenn ich ein ehrliches Lob oder Kompliment erhalte. Allerdings erkenne ich an mir auch einen Unterschied, ob ich ein Lob unter vier Augen oder vor versammelter Mannschaft bekomme. Unter vier Augen fällt es mir viel leichter, ein Lob anzunehmen. Wenn ich vor anderen Menschen gelobt werde, fühle ich mich deutlich unwohler und würde gelegentlich am liebsten in einem Mauseloch verschwinden.

Warum eigentlich? Mit einem ausgesprochenen Lob ist meist auch eine Erwartungshaltung an die individuelle Leistung verbunden. Automatisch läuft in meinem Inneren der Film ab, ob ich auch zukünftig die an mich gestellten Anforderungen erfüllen kann. Schon geht das Überlegen los und die Selbstzweifel sind wieder da.

Zusätzlich machen mich Komplimente vor anderen Personen meist verlegen, insbesondere wenn sich diese auf materielle Güter (wie z. B. Auto, Computer, usw.) oder auf Äußerlichkeiten (wie z. B. Make-up, Frisur, Figur usw.) beziehen.

Wie kann ich ein Lob oder Komplimente annehmen?

Am besten ist es, wenn ich das Gesagte so annehme, wie es gemeint war. Ein Lob aus angelernter Bescheidenheit abzulehnen oder als unberechtigt zurückzuweisen, ist nicht im Sinne desjenigen, der das Lob ausgesprochen hat. Außerdem besitzt jeder von uns Stärken, die es wert sind, gelobt zu werden. Genau das habe ich mir fest eingeprägt und gemerkt.

Häufig liegt mir bei einem erhaltenen Lob auf der Zunge, dass ich dieses mit einem Gegenkompliment erwidere oder es herunterspiele. Sie kennen bestimmt die Situation, dass Sie ein Kompliment für Ihren neuen und tollen Mantel erhalten haben. Gelegentlich ist man doch versucht, darauf zu antworten: „Na ja, und der war auch gar nicht teuer". Tja, das war dann die falsche Antwort. Hier ist es besser, einfach zu schweigen und nichts zu sagen bzw. zu erwidern, sondern sich einfach darüber zu freuen.

Am leichtesten gelingt es, ein Lob oder ein Kompliment mit einem einfachen Dankeschön in Kombination mit einem freundlichen Lächeln anzunehmen. So freuen sich beide über das ausgesprochene Kompliment, nämlich Sie als diejenige, die eines erhalten hat und ihr Gesprächspartner, da dieser erkennt, dass sie es wertschätzen.

Übrigens, diese Vorgehensweise habe ich in der Praxis sehr häufig angewendet und siehe da, es funktioniert. Inzwischen freue ich mich über jedes Lob und Kompliment und fühle mich einfach nur geschmeichelt. Die damit verbundenen früheren negativen Gefühle, wie unangenehm berührt oder unsicher zu sein, legte ich ab.

Versuchen Sie doch mal, einer anderen Frau ein Kompliment über deren Kleid oder Frisur zu machen. Sie werden erstaunt sein, welche positive Reaktion dies hervorruft, denn dies hat die Wirkung eines Eisbrechers. Gerade weil Frauen untereinander sehr selten Komplimente machen, ist die Überraschung umso größer und die positive Wirkung umso stärker. Testen Sie es einfach selbst!

Business-Etikette beherrschen

Im Berufsleben ist es unabdingbar, gutes Benehmen zu zeigen. Dabei können Verhaltensweisen, die im Privatleben in Ordnung sind, im beruflichen Umfeld auf Ablehnung stoßen.

Vermutlich wird Ihnen auch schon mal jemand über den Weg gelaufen sein, bei dem Sie dachten, dass dieser mit dem Turbo durch die Kinderstube geschossen worden sei und anscheinend keine Zeit zum Lernen hatte. Dabei ist es so einfach, ein paar grundsätzliche Spielregeln einzuhalten – es gibt ja schließlich auch einen Business-Knigge.

Was sind nun die wichtigsten Regeln (denn es gibt noch viele mehr)?

Punkt 1 – Distanzzone wahren:

Jeder von uns hat eine Distanzzone und zwar die Intimsphäre, die circa sechzig Zentimeter beträgt. In diesen persönlichen Raum dürfen nur Personen eintreten, denen wir uns nahe fühlen wie zum Beispiel Familienangehörige, Partner und Freunde. Im Berufsleben empfinden wir es als sehr unangenehm und sogar bedrängend, wenn andere Personen diesen Abstand während eines Gesprächs unterschreiten und uns zu nahekommen.

An mir selbst stelle ich in diesen Fällen immer wieder fest, dass ich automatisch mindestens einen Schritt zurückweiche, um den Abstand wieder zu wahren. Erstaunlicherweise gibt es jedoch Zeitgenossen (männliche wie weibliche), die dies nicht stört und mir buchstäblich auf die Pelle rücken, indem sie mir wieder zu nahekommen.

Natürlich reagiere ich jedes Mal wieder mit einem Schritt nach hinten und komme mir dann wie bei einem schlechten Tanz vor. Zudem konzentriere ich mich weniger auf das Gespräch, sondern warte viel mehr darauf, wann der nächste Vorstoß in meine Richtung erfolgt, um dann sofort wieder auf dem Sprung nach hinten zu sein. Na bravo, das ist dann ein Gespräch, bei dem das Reden nicht das Wichtigste ist – hmm.

Falls der Platz im Raum mein Zurückweichen nicht zulässt, tritt bei mir die andere Alternative ein. Ich reagiere aggressiv auf den sogenannten Eindringling und versuche ihn oder sie, mit verbalen Attacken zum buchstäblichen Rückzug zu bewegen. Das ist auch nicht gut, denn hier tritt der Gesprächsinhalt ebenfalls in den Hintergrund und andere Mechanismen dominieren das Geschehen.

Vermutlich wird Ihnen diese Situation ebenfalls bekannt und genauso unangenehm sein. Umso wichtiger ist es, dass Sie selbst im Berufsleben darauf achten, diese Distanzzonen einzuhalten, insbesondere bei Ihrem Chef.

Hier könnten Sie ansonsten Reaktionen hervorrufen, die Sie weder beabsichtigt haben noch erleben wollen.

Punkt 2 – Richtige Reihenfolge bei der Begrüßung:

Üblicherweise wurde uns im Kindesalter beigebracht, dass zuerst ältere Personen vor jüngeren und Frauen vor Männern gegrüßt werden. Soweit so gut. Im Geschäftsleben ist die Reihenfolge jedoch eine andere.

So werden dort zuerst die Ranghöheren gegrüßt, und zwar auch dann, wenn Damen anwesend sind. Erst anschließend gilt die übliche Regel, die wir bereits kennen – älter vor jünger und Damen vor Herren. Falls Ihnen nicht alle Personen bekannt sind, fangen Sie am besten mit denjenigen an, die Sie bereits kennen und arbeiten sich dann buchstäblich vor.

Punkt 3 – Ladies first:

Bei Geschäftsterminen gilt zwischenzeitlich nur noch die Hierarchie. Einer Dame in den Mantel zu helfen oder die Tür aufzuhalten, ist im Zeitalter der Emanzipation nicht mehr zwingend erforderlich. Allerdings sollte jede Frau es vermeiden, solche netten Gefälligkeiten barsch abzulehnen, denn es gibt sie auch heute noch – die Gentlemen. Und sind wir Frauen doch mal trotz Emanzipation ganz ehrlich, ist ein Gentleman uncool? Nicht wirklich.

Hierzu ist mir ein Erlebnis bei der Nutzung eines Aufzugs im Gedächtnis geblieben. In einer Gruppe von acht Herren und einer Dame standen wir vor dem Aufzug und warteten auf diesen. Als sich die Türen öffneten, durfte ich als Erste den Aufzug betreten und stellte mich in die hintere linke Ecke. Die Herren standen somit im Aufzug alle vor mir.

Als sich die Aufzugstüren wieder öffneten, drängten sich zu meiner Überraschung alle Herren auf beiden Seiten des Aufzugs eng zusammen, um in der Mitte eine (sehr) schmale Gasse für mich zu bilden. Durch diese quetschte ich mich dann schnell hindurch, um wieder ins Freie zu gelangen. Puh – geschafft, trotz dem nicht vermeidbaren und unfreiwilligen Körperkontakt. In diesem Fall war die mir entgegengebrachte Höflichkeit leider nicht praktisch, aber eine nette Geste.

Beim Aussteigen aus einem Aufzug gilt die Regel, in der umgekehrten Reihenfolge wie beim Einsteigen den Aufzug verlassen. Also, wer zuerst einsteigt, verlässt den Aufzug unabhängig vom Geschlecht als Letzter – natürlich nur sofern alle gleichzeitig aussteigen.

Punkt 4 – Störungen in Meetings nur in Notfällen:

Heutzutage gibt es bereits in vielen Besprechungsräumen ein Schild, auf dem steht: „Handy aus". Tja, das ist wohl ohne Zweifel aktuellen Erfahrungswerten geschuldet. Nichts ist störender, als wenn ständig klingelnde

Mobiltelefone einen Vortrag oder eine Diskussion unterbrechen. Zudem ist der jeweilige Klingelton manchmal schon sehr aufschlussreich und da hilft auch nicht immer die verlegene Entschuldigung: „Den hat mir mein Sohn aufgespielt".

Um Unruhe zu vermeiden und allen anderen Teilnehmern Wertschätzung entgegenzubringen, sollten Anrufe nur in ganz dringenden Fällen angenommen werden. Außerdem ist es sehr zweckdienlich, wenn die betreffende Person zum Telefonieren den Raum verlässt. Nicht alle Anwesenden im Raum lauschen gerne und es sind auch nicht alle Gespräche für jedermanns Ohren bestimmt.

Punkt 5 – Geschäftsessen:

Zu diesem Thema gibt es ein paar klassische Fehler, die zu vermeiden sind. Denn Fehltritte bei den Tischmanieren können den anderen buchstäblich den Appetit verderben.

So gehört es sich nicht, dass bei einem Buffet der Teller derart vollgeladen wird, sodass nichts mehr darauf passt. Man hat schließlich die Möglichkeit, häufiger zu gehen. Außerdem sind bei einem eventuellen „Erdrutsch" auf dem Teller, Flecken auf der Tischdecke nicht auszuschließen. Das wäre auf jeden Fall peinlich und es ist zudem nicht notwendig, dass die einzelnen Bestandteile der Speisen auf der Tischdecke erkennbar sind.

Bei guten Tischmanieren liegen beim Essen die Ellenbogen nicht auf dem Tisch auf, sondern das Besteck wird zum Mund geführt und nicht umgekehrt. Zudem gilt noch immer, dass mit vollem Mund nicht gesprochen wird. Weder ist die gezeigte Hamsterbacke noch die mitunter undeutliche Aussprache empfehlenswert.

In der Regel werden die Speisen zum Verzehr auf die Gabel gelegt und nicht aufgespießt. Ansonsten könnte es Ihnen so ergehen wie Julia Roberts in dem Film „Pretty Woman", indem Ihnen Ihr Essen schwungvoll vom Teller hüpft. Die Aufmerksamkeit am Tisch ist Ihnen zwar dadurch sicher, allerdings gehe ich davon aus, dass Sie das in diesem Moment nicht wirklich wollen.

Beim Essen sollten Sie ebenfalls einen souveränen Eindruck hinterlassen, sodass Sie wieder eingeladen werden. Denn eines ist sicher - besonders an guten Tischmanieren ist die Kinderstube erkennbar.

Punkt 6 – Kritik nur unter vier Augen:

Keiner wird gerne kritisiert oder auf Schwächen sowie Fehler hingewiesen, denn im ersten Moment verletzt dies, und zwar jeden Menschen. Am schlimmsten ist es jedoch, wenn dies auch noch in größerer Runde vor weiteren Zuhörern geschieht.

Die Aufmerksamkeit des ganzen Raumes ist einem zwar dann gewiss, aber wirklich haben will dies niemand. Der Betroffene ist anschließend sehr wütend auf Sie und die unfreiwilligen Lauscher fühlen sich ebenfalls nicht wohl in Ihrer Haut.

Aus diesem Grund sollten solche Gespräche unter vier Augen in einem separaten Raum unter Ausschluss der Öffentlichkeit auf sachlicher Ebene geführt werden. Dies erhöht auf alle Fälle die Wahrscheinlichkeit, dass Ihr Gegenüber gewillt ist, die Kritik von Ihnen anzunehmen.

Zudem erleichtert es auch die zwischenmenschlichen Beziehungen, denn Sie können davon ausgehen, dass der öffentlich Kritisierte bei passender Gelegenheit sich bei Ihnen revanchieren wird.

Punkt 7 – Kleidersünden vermeiden:

Viele Studien zeigen, dass wir alle unbewusst und stark darauf reagieren, wie jemand gekleidet ist. Der Spruch „Kleider machen Leute" ist nicht ganz aus der Luft gegriffen, sondern entspricht schon sehr der Wahrheit.

Im Geschäftsleben sollten Sie dieses Thema wichtig und ernst nehmen, denn anderen Personen wie Kollegen, Geschäftspartner und Kunden wird Ihre Kleidung auffallen – egal ob positiv oder negativ.

Ihr Outfit im Beruf sollte in erster Linie Ihrem Status im Geschäftsleben entsprechen und nicht in erster Linie Ihre Weiblichkeit betonen. Denken Sie darüber nach, ob Ihre äußere Erscheinung dem Image entspricht, das Sie gerne haben möchten. Zudem gilt, je dunkler desto edler und ich empfehle Ihnen, dass Sie stets Wert auf ein tadelloses

Aussehen legen - Sie tun sich selbst damit einen großen Gefallen.

Ach ja, und noch ein Tipp. Ihr Parfum sollte niemanden einnebeln, indem Sie buchstäblich eine „Wolke" hinter sich herziehen. Ihr Duft sollte andere nicht belästigen, sondern nur gering bemerkbar sein, wenn jemand dicht neben Ihnen steht. Ihr Gegenüber soll Sie „gut riechen" und nicht „gegen den Wind riechen" können.

Mit den richtigen Umgangsformen und dem Beherrschen der Business-Etikette können Sie kritische Situationen souverän meistern, Ihre Mitmenschen für sich begeistern und einen professionellen Eindruck im Geschäftsleben hinterlassen. Dann legen Sie mal los!

Delegieren lernen

Delegieren fällt einem nicht in den Schoß, sondern ist harte Arbeit.

Da ich bekanntermaßen das fleißige Arbeitsbienchen bin, habe ich natürlich meine Aufgaben und Aufträge selbst erledigt. Das hatte den Vorteil, dass ich sicherstellen konnte, dass sämtliche Termine eingehalten wurden und zudem kannte ich den Inhalt bzw. die fachlichen Themen alle bestens.

Leider führte dies aber auch dazu, dass meine Freizeit auf ein Minimum schrumpfte, denn viel Arbeit erfordert in der Regel auch viel Zeit. So war es zumindest bei mir, was mir schon missfiel.

Irgendwann hatte ich so viele Aufträge und auch Mitarbeiter, dass ich delegieren konnte. Zudem war ich gezwungen, Aufgaben durch mein Team erledigen zu lassen, um die Qualität der Aufträge und die Termineinhaltung sicherzustellen.

Das Schwierige daran war für mich, die Balance zwischen Vertrauen und Kontrolle gegenüber meinen Mitarbeitern zu finden. Zu viel Vertrauen, dass der jeweilige Mitarbeiter den Auftrag ganz alleine bewältigen kann und das Ergebnis auch passt, kann dazu führen, dass erst kurz vor Schluss festgestellt wird, dass am Thema oder an der Zielvorstellung vorbei gearbeitet worden ist. Dieser Umstand bedeutete dann für mich, dass ich wieder sehr lange Arbeitstage vor mir hatte.

Zu wenig Vertrauen artet sehr schnell in zu viel Kontrolle aus. Welcher Mitarbeiter mag das schon, wenn der Chef ihm ständig im Nacken sitzt und sich bis ins Detail zeigen lässt, wie weit er ist und was er denn ganz genau macht. Noch schlimmer ist es, wenn der Chef auch noch alles und ständig besser weiß, besser machen kann und außerdem sowieso ... Das ist richtig nervig und alles andere als zielführend.

Es führt dennoch kein Weg daran vorbei, dass man als Chef über den Stand und die Qualität der Dinge Bescheid weiß. Aus diesem Grund führte ich mit dem jeweiligen Mitarbeiter regelmäßig (meist wöchentlich) Gesprächstermine durch.

Bei dieser Gelegenheit schauten wir uns gemeinsam den aktuellen Stand an, klärten gegenseitige Fragen und feilten an der Unterlage bzw. Präsentation. Zudem konnten wir beide die Qualität und die Termineinhaltung einschätzen und ich als Chefin hatte bei Bedarf die Möglichkeit der Nachsteuerung gegenüber meinem Mitarbeiter.

Delegation ist ein Balanceakt zwischen selbst erledigen und erledigen lassen. Beide Varianten haben ihre Vorteile und auch Nachteile. Mit der richtigen Einstellung des Vorgesetzten funktioniert das Delegieren jedoch richtig gut, und zwar für beide Seiten (Mitarbeiter und Chef).

Nichts ist schlimmer, als wenn ein Chef die Einstellung hat, dass es ohne ihn nicht geht, er sowieso alles besser weiß und kann oder sich ständig um Einzelheiten kümmert, für die er seine Mitarbeiter hat. Hier wären doch tatsächlich erzieherische Maßnahmen beim Chef angebracht, die vermutlich mit großer Wahrscheinlichkeit nicht zum gewünschten Erfolg führen – vor allem, ohne dabei bei ihm in Ungnade zu fallen.

Kurz gesagt, delegieren ist dann erfolgreich, wenn der Chef loslassen und der betreffende Mitarbeiter sehr selbstständig und eigenverantwortlich arbeiten kann. Gegenseitiges Vertrauen ist hierbei die Basis für den Erfolg und eine gute Zusammenarbeit. Ihre Mitarbeiter werden es Ihnen danken!

Netzwerke nutzen

Netzwerke bzw. Kontakte zu anderen müssen aufgebaut, genutzt und gepflegt werden. Das Ziel ist dabei der gegenseitige Wissensaustausch, gegenseitige Hilfe und auch der berufliche Vorteil, zum Beispiel bei der eigenen Karriere oder im Falle der Jobsuche. Dabei ist entscheidend, dass man sich aus dem eigenen stillen Kämmerlein heraustraut und in Kontakt mit anderen tritt – selbst wenn man sich dazu überwinden und zwingen muss.

Auch zu diesem Thema hatte ich in meinem Berufsleben ein sehr einprägsames Erlebnis. Seit Tagen arbeitete ich an einer komplexen Aufgabenstellung und musste hierzu noch die abschließende Entscheidung eines anderen Abteilungsleiters einholen, um den Auftrag final mit diesem abzustimmen.

Dieser war jedoch dermaßen stark beschäftigt, sodass ich keinen Termin in den nächsten beiden Wochen erhielt und ich mir nur an seiner Sekretärin die Zähne ausbiss. Der Abgabetermin bei meinem Chef war allerdings bereits in einer Woche.

Während ich noch wie ein fleißiges Bienchen arbeitete und keine Mittagspausen einlegte, wanderten meine männlichen Kollegen regelmäßig in der Mittagszeit vergnügt in unsere hausinterne Kantine. Drei Tage später kamen diese gut gelaunt vom Mittagessen zurück und erzählten mir ganz nebenbei, dass sie dort mit dem Abteilungsleiter am Tisch saßen, mit dem ich mich noch zu meinem Auftrag abstimmen musste.

Zufällig ergab es sich im Gespräch, dass dieser auch zu meinem Thema seine Meinung äußerte und somit mehr oder weniger meinen Kollegen gegenüber die Entscheidung traf, die ich zeitlich wegen mangelnder freier Zeitfenster nicht einholen konnte. Und ich war nicht dabei! Nur weil ich keine Zeit und Lust zum Essen hatte.

Daraus und aus ähnlichen Situationen lernte ich, dass wichtige Entscheidungen und bedeutsame Themen nicht ausschließlich am Schreibtisch im Büro entschieden und besprochen werden, sondern viel häufiger beim Essen oder Kaffeetrinken.

Das musste ich mir merken und mein Verhalten und meine Einstellung hierzu gravierend ändern. Für mich war es bis dahin wichtiger, dass ich arbeitete und nicht meine Zeit mit sozialen Kontakten verschwendete. Das war ein Irrtum und zwar ein großer.

Worauf sollten Sie beim Netzwerken achten? Auf Ihre Zielgruppe.

Die richtigen Kontakte knüpfen Sie am besten mit Menschen, die ähnliche Ziele wie Sie selbst anstreben und mit Menschen, die bereits dort sind, wo Sie hinwollen. Von beiden können Sie selbst durch einen regelmäßigen Austausch am meisten profitieren.

Wichtig ist dabei, dass Sie sich selbst einbringen und auch den anderen etwas geben und nicht nur von ihnen nehmen. Denn wenn Ihre Kontakte merken, dass es sich hierbei um einen einseitigen Nutzen handelt, werden diese ihre Aufmerksamkeit an Ihrer Person sehr schnell verlieren. Networking ist keine Einbahnstraße und reicht von gemeinsamen Mittagessen oder Kaffeetrinken bis zu großen Netzwerkveranstaltungen.

Übrigens, Sie müssen nicht immer den aktiven Part übernehmen und andere unterhalten. Es reicht auch das Zuhören aus und das Stellen von sinnvollen Fragen. Beachten Sie dabei, dass Sie sensibel vorgehen, denn keiner mag es besonders, wenn er überrumpelt und in die Enge getrieben wird.

Zudem müssen die Kontakte in einem Netzwerk auch gepflegt werden. Dies bedeutet, dass eine Kontaktaufnahme – auch wenn es eventuell nur eine kurze telefonische zum Geburtstag ist – regelmäßig erfolgen sollte (z. B. pro Quartal). Bei zu häufigen Kontakten könnte die andere Person dies als zu aufdringlich empfinden und sich zurückziehen.

Das Nutzen von Netzwerken fiel mir persönlich besonders schwer, da ich aus meinem gewohnten Leben als Arbeitstier herauskommen musste. Ich ärgerte mich über mich selbst, da ich feststellte, dass Männer automatisch Netzwerke nutzen, diese regelmäßig pflegen und ich mich selbst dazu regelrecht zwingen musste.

Gelegentlich brauchte ich auch ein dickes Fell, denn wenn ich einmal mit einem Mann zum Mittagessen gegangen und dabei gesehen worden war, wurde ich im Anschluss daran des Öfteren damit aufgezogen. Aber auch hier gilt, aller Anfang mag zwar schwer sein, auf lange Sicht bringen Netzwerke jedoch klare Vorteile. Fangen Sie am besten noch heute damit an!

Die Sache mit der Work-Life-Balance

Der Begriff Work-Life-Balance ist zwischenzeitlich in aller Munde. Nur, was verstehen für darunter überhaupt genau? Diese Bezeichnung steht für das ausgewogene Verhältnis zwischen Privat- und Berufsleben eines Menschen und zielt darauf ab, dass die beruflichen und privaten Interessen in Einklang gebracht werden. In der Theorie klingt das ganz gut.

Bei der praktischen Umsetzung hatte ich allerdings meine Probleme damit, denn eine 60- bis 70-Stunden-Arbeitswoche zuzüglich Fahrzeiten sowie ein Arbeitsort, der weit entfernt vom Wohnort lag, waren meiner Work-Life-Balance nicht besonders zuträglich.

Oft fragte ich mich, wo denn meine persönliche Balance abgeblieben war und erkannte, dass ich einen nicht unerheblichen Teil meiner Freizeit auf der Autobahn zubrachte. Eines wusste ich allerdings mit Gewissheit. Um meine eigene Zufriedenheit zu erhöhen, musste ich dringend daran arbeiten und etwas verändern.

Wie schaffte ich es dennoch, ein bisschen Freizeit zu haben, um unbelastet meinen Hobbys nachgehen zu können?

Punkt 1 – Mit freiem Kopf ins Wochenende starten:

Um der ganzen Auftragsflut Herr zu werden, wandte ich eine Methode an, die mir das Abschalten nach einem langen Arbeitstag und einer anstrengenden Woche enorm erleichterte.

Jeden Abend nahm ich mir die Zeit, eine Liste anzulegen bzw. zu aktualisieren, in der alle wichtigen Themen und offenen Aufträge enthalten waren, um die ich mich am nächsten Tag kümmern musste. Insbesondere freitags aktualisierte ich am Ende des Arbeitstages die Liste gründlich.

Somit hatte ich die Möglichkeit, den Kopf für das Wochenende von der Arbeit freizubekommen und war in der Lage, sehr schnell abzuschalten. Durch diese Vorgehensweise beschäftigte ich mich nicht mehr damit, an was ich alles am kommenden Montag denken musste und auf keinen Fall vergessen durfte. Außerdem besaß diese Liste auch den äußerst positiven Nebeneffekt, dass das Streichen der erledigten Punkte mir ein Erfolgserlebnis bescherte, das mich motivierte.

Es reichte völlig aus, dass ich mir am Montag zu Arbeitsbeginn diese Liste zügig durchlas, um alle Themen wieder parat zu haben und loslegen zu können. Dadurch konnte ich mich am Wochenende entspannen, ohne befürchten zu müssen, dass ich am Montag irgendetwas vergaß. Durch diese Methode gelang es mir, mein internes Kopfkarussell zu stoppen und deutlich ruhiger zu schlafen. Das war richtig klasse.

Punkt 2 – Straffe Organisation im Berufs- und Privatleben:

Mein Arbeitsalltag war straff durchorganisiert, allein schon durch die vielen Besprechungs- und Telefonkonferenztermine. Hierbei half mir meine persönliche Methode zur Vorbereitung auf den jeweiligen Termin mittels Mappen, die die wichtigsten Unterlagen und Informationen enthielten.

Zusätzlich blockte ich feste Zeitfenster, um mich über wichtige Themen mit meinen Mitarbeitern auszutauschen und abzustimmen. Auch für die Bearbeitung von Mails (in den schlimmsten Zeiten circa hundert Stück pro Tag) plante ich mir in meinem Terminkalender entsprechende Zeiträume ein.

Für meine geringe Freizeit überlegte ich mir ebenfalls einen bestimmten Rhythmus. So bügelte ich immer zu den gleichen Zeiten am Wochenende und legte zu erledigende Arbeiten auf den Samstag. Der Sonntag war somit der Tag in der Woche, an dem ich Zeit für mich, meinen Mann und meine Hobbys hatte.

Mit meinem Ehemann legte ich gemeinsam unsere Rollenverteilung fest und wer welche Aufgaben erledigte. Erfolgreich überzeugte ich ihn davon, dass er bei einer voll berufstätigen Frau feste Aufgaben im Haushalt wie zum Beispiel das Einkaufen und Kochen übernehmen durfte, was er auch getan hat. Er ist ein Schatz!

Zusätzlich ließ ich kleine Besorgungen durch meinen Vater erledigen, sobald sich dieser in Rente befand und gelegentlich etwas Beschäftigung benötigte. Diese kleinen Maßnahmen summierten sich zeitlich auf, sodass sie am Ende für mich eine deutliche Entlastung darstellten. Juhu!

Urlaub – auch das ist ein Thema, das ich nicht dem Zufall überließ. Am Jahresende verplante ich bereits meine sechs Wochen Urlaub und verteilte diese auf das folgende Jahr. Dabei achtete ich darauf, dass ich in Intervallen von circa drei bis vier Monaten einen Urlaub vorgesehen hatte. Frühzeitig kommunizierte ich meine Abwesenheitsfenster, sodass diese von allen Beteiligten fest eingeplant werden konnten.

Unter keinen Umständen wollte ich auf meine Urlaubstage verzichten. Bei Stressjobs lässt sich ein Erschöpfungszustand bereits nach ein paar Monaten erkennen. Keiner von uns ist ein Hamster im Rad und hat Spaß daran, ständig und über einen sehr langen Zeitraum nur auf Hochtouren zu laufen. Irgendwann besteht die Erfordernis, die eigenen Akkus wieder aufzuladen und das geht neben den Wochenenden am besten durch einen erholsamen Urlaub.

Genau betrachtet gibt es für Urlaub nie den richtigen Zeitpunkt, denn es steht im Beruf immer etwas sehr Wichtiges und Dringendes an. Nichtsdestotrotz ist Erholungsurlaub wichtig und wie es der Name schon sagt, dient dieser der eigenen Erholung und macht Spaß!

Punkt 3 – Persönliche Mittel zum Abschalten:

Da ich während der ganzen Arbeitswoche ständig auf Hochtouren lief und unter Strom stand (gelegentlich kam es mir wie Starkstrom vor), brauchte ich am Wochenende einen Ausgleich. Dazu bieten sich Hobbys doch direkt an, von denen ich auch einige hatte. Gezielt suchte ich mir Hobbys und Beschäftigungen, die ich bei gutem Wetter draußen und bei schlechtem Wetter drinnen ausüben konnte. Auch die Jahreszeit spielte dabei eine Rolle.

So erzeugen bei mir das Skifahren und Motorradfahren dieselbe Wirkung. Wenn ich beides nur eine Stunde lang ausübe, komme ich richtig zufrieden und mit einem sehr breiten Grinsen im Gesicht nach Hause zurück. Anschließend dauert es eine lange Zeit, bis das Grinsen wieder verschwindet.

Faul im Garten in einem Liegestuhl zu liegen, übt ebenfalls eine sehr entspannende Wirkung auf mich aus. In diesen Momenten kann ich unbeschwert ins frische Grün blinzeln, meine blühenden und bunten Pflanzkübel betrachten und mich darüber freuen, dass ich mir die Zeit genommen habe, um zu faulenzen.

Bei schlechtem Wetter werfe ich den CD-Player an und hopse ein wenig in der Wohnung herum. Tanzen gehört zu meinen Lieblingsbeschäftigungen und flotte Musik und ein bisschen dazu mithüpfen, machen richtig gute Laune. Natürlich mache ich das nur, wenn mein Mann entweder nicht zu Hause oder in seiner Werkstatt ist, sodass ich ungestört wie ein Flummy herumtoben kann.

Schließlich muss mein Mann meine wilden Verrenkungen dabei nicht wirklich beobachten.

Dieses Mittel wirkt bei mir immer und vertreibt erfolgreich düstere Gedanken und schlechte Laune. Außerdem sind dabei die Jahreszeit und das Wetter völlig egal und auch die Zeitdauer spielt keine Rolle – bereits eine Viertelstunde hilft da schon!

Um abzuschalten, probierte ich einige Mittel aus, denn nicht alle Beschäftigungen und Hobbys rufen dieselbe Wirkung hervor. Außerdem wirkt nicht jedes Mittel immer in der gleichen Form. Aus diesem Grund war es mir wichtig, dass mir verschiedene Methoden zur Verfügung standen, sodass ich variieren konnte.

Das sind nun einige Beispiele, die bei mir eine sehr gute Wirkung erzeugen. Allerdings sei auch deutlich erwähnt, dass die gleichen Dinge bei Ihnen nicht zwingend eine Wirkung zeigen. Aus diesem Grund empfehle ich Ihnen, suchen Sie sich Ihre eigenen Mittel, die Ihnen Freude bereiten und Ihnen beim Abschalten helfen. Hier ist ausprobieren angesagt und finden Sie Ihre eigenen Mittel heraus!

Um mich entspannen zu können, war es wichtig, dass ich den über die Woche aufgestauten Stress am Wochenende wieder abbauen konnte. Sie kennen doch bestimmt den Effekt, in zwei Wochen beginnt der Urlaub und gleich in der ersten Woche ist man krank. Sobald der Körper nicht mehr stressbedingt auf Hochtouren laufen muss und der Adrenalinspiegel sinkt, erhalten Infekte die Chance, sich auszubreiten. Und schon liegt man flach.

Auch hier kann ich Ihnen nur empfehlen, hören Sie auf Ihren Körper und ignorieren Sie nicht die Alarmsignale, die er Ihnen sendet. Ihr Körper weiß, was ihm guttut und was nicht und steuern Sie mit Ihren Mitteln dagegen.

Punkt 4 – Vertrauensvolle Partnerschaft:

Viel Unterstützung erfuhr ich durch meinen Ehemann. Dass er auch im Haushalt tatkräftig mithalf, erwähnte ich bereits im vorherigen Abschnitt. Durch meinen beruflichen Stress mussten wir beide immer wieder an unserer Beziehung und an unserem gegenseitigen Vertrauen arbeiten.

Bei meinem ersten Führungsjob wurde mir über ein ganzes Jahr hinweg nachgesagt, dass ich ein Verhältnis mit meinem damaligen Vorgesetzten hätte. Eine Frau kommt schließlich nicht ohne ein solches Verhältnis zu einer Führungsaufgabe und schon gar nicht in den neunzehnneunziger Jahren.

Dabei wurde jedoch übersehen, dass ich diesen Job schon ein ganzes Jahr lang ausübte, bevor mein Vorgesetzter in unsere Niederlassung kam. Aber wen interessierte das schon.

Das wäre alles nicht so schlimm gewesen. Blöd war nur, dass mein Mann dieses Gerücht an einem Freitagabend, als er allein in unserem Stammlokal war, nach Hause mitbrachte. Für seine Reaktion bin ich ihm noch heute dankbar, denn diese war nicht von Eifersucht geprägt, sondern vielmehr von Sachlichkeit und eher etwas wie

Erheiterung. Keinen Moment schenkte er diesem Gerücht Glauben, da er fest davon überzeugt war, dass er mich besser kenne. Und er hatte recht – es war alles nur ein Gerücht ohne jeglichen Wahrheitsgehalt!

Bei solchen Gelegenheiten kommt mir immer wieder der Spruch in den Sinn: „Neid muss man sich verdienen, Mitleid bekommt man geschenkt." Mmh – Erfolg hat seinen Preis.

Sehr schnell hatte ich mich auch von der Erwartungshaltung verabschiedet, dass meine Beziehung zu meinem Ehemann der üblichen gesellschaftlichen Norm entsprechen müsste. Nein, das tut sie wirklich nicht.

In mancherlei Hinsicht sind bei uns schon die Rollen vertauscht. Aber egal, was andere dazu sagen. Entscheidend ist doch die Tatsache, dass wir beide damit klarkommen, uns gegenseitig vertrauen, uns unterstützen und zufrieden sind. Es lebe die Vielfalt!

Die wichtigsten Erkenntnisse

Frauen als Verbündete sehen:

Grundsätzlich sehe ich Kolleginnen oder andere weibliche Führungskräfte sofort als Verbündete an, und zwar solange, bis sie mich vom Gegenteil überzeugen. Mit gleichgesinnten Frauen stellt jede Zusammenarbeit eine Bereicherung dar, von der beide Seiten profitieren.

Leider gibt es auch unter uns genügend Vertreterinnen des weiblichen Geschlechts, die hinsichtlich ihrer Verhaltensweisen Kopien von Männern geworden sind und als Verbündete nicht mehr zur Verfügung stehen. Schade – aber das muss man dann eben akzeptieren.

Netzwerke knüpfen:

Das Knüpfen von Netzwerken ist unerlässlich und äußerst hilfreich. Männer machen dies automatisch und das können wir von ihnen lernen. Deshalb sollten auch wir Frauen gelegentlich über unseren Schatten springen und solche Netzwerke knüpfen, nutzen und pflegen.

Dabei ist es insbesondere wichtig, die Vorteile zu erkennen und den Zeitaufwand als notwendig zu akzeptieren, und zwar ohne auf eventuelles Gerede zu achten. Darüber stehen wir.

Aus Fehlern lernt man am meisten:

Keiner macht Fehler gerne und es entspricht auch nicht der Wahrheit zu sagen, dass hinfallen nicht wehtue. Aber es ist nichts Schlimmes daran und außerdem lernt man aus Fehlern viel mehr, als wenn immer alles glatt läuft.

Zusätzlich dient das Begehen von Fehlern der individuellen Abhärtung und erleichtert das zukünftige Nehmen von Hürden. Übrigens, falls das persönliche Krönchen in eine bedenkliche Schieflage geraten sein sollte, lässt sich dieses mit wenigen gezielten Handgriffen wieder richten.

Nicht jammern:

Jammern macht zwar gelegentlich Spaß und bringt einem die gewünschte Aufmerksamkeit der Umgebung ein, aber weiterbringen tut es uns nicht. Im Gegenteil, es bindet Energie und Zeit, die sinnvoller eingesetzt werden können. Zusätzlich nervt es meistens die Menschen in unserer unmittelbaren Nähe gewaltig. Also, Zähne zusammenbeißen und weitermachen. Und außerdem – es kann immer noch schlimmer kommen.

Das Lachen bewahren:

In manchen schwierigen und unbequemen Situationen kann einem schon das Lachen vergehen. Und dennoch, das Lachen sollte uns nicht vergehen, denn es macht

Spaß, befreit und ist Balsam für die Seele. Außerdem ist doch das Leben ansonsten todernst und langweilig.

Hilfreich ist auch, sich selbst nicht zu ernst zu nehmen und auch einmal über sich selbst und seine Fehler sowie Schwächen zu lachen. Auf andere wirkt dies auf jeden Fall sympathisch und authentisch. Verbissene Menschen leben definitiv unglücklicher.

Menschlich bleiben:

In ausgeprägten Stress-Situationen neigen wir dazu, dass wir nur noch Zahlen, Daten, Fakten als wichtig erachten. Dabei beschränken wir die zwischenmenschlichen Kontakte auf ein Minimum und ignorieren die Bedürfnisse anderer Menschen.

Wir sind jedoch keine Maschinen, sondern Menschen mit Gefühlen, die schnell verletzt werden können. Zudem gibt es auch noch ein Leben außerhalb des Berufs, das eine gewisse Aufmerksamkeit erfordert und verdient.

Der Ton macht die Musik und ein freundliches Wort gegenüber seinen Mitmenschen benötigt nicht viel Zeit. Das sollte nicht vergessen werden – trotz allem Stress und hohem Termindruck.

Nicht alles persönlich nehmen:

Im Geschäftsleben geht es nicht immer lieb und nett zu. Geäußerte Kritik bezieht sich sehr häufig auf einen konkreten Umstand und nicht immer direkt auf das Verhalten der eigenen Person.

In diesen Fällen ist es gut, wenn die eigene Empfindlichkeit nicht zu stark ausgeprägt ist und nicht jede verbale Attacke als persönlicher Angriff gewertet wird. Ein etwas „dickeres Fell" hilft hier ungemein weiter, um deutlich ruhiger zu schlafen.

Behandle deine Mitarbeiter und Mitmenschen mit Respekt:

Gerade als Manager und Führungskraft ist dies äußerst wichtig, denn Mitarbeiter sind Menschen mit Bedürfnissen und Sorgen und keine Nummern. Außerdem, wer erreicht denn die jährlichen Zielvorgaben? Das sind doch nicht die Chefs allein, sondern ihre Mitarbeiter!

Ergänzend machte ich die Erfahrung, dass man alle Mitmenschen so behandeln sollte, wie man selbst behandelt werden möchte. Man weiß ja nie, wie einen die eigenen guten und schlechten Taten wieder einholen und in welcher beruflichen Konstellation man sich wiedersieht.

Ein früherer Kollege hatte keine Gelegenheit ausgelassen, mich bei jedem Zusammentreffen zu beleidigen, da ich ja zu der Spezies gehöre, die einen Rock trägt. Dumm war nur, dass ich ein Jahr später seine Chefin war. Mir machte das gar nichts aus, ihm und seinem Ego aber schon, aber da musste er durch.

Auch hier ist es gut, keine Angriffsflächen zu bieten und jeden Menschen – egal ob sympathisch oder weniger – mit dem gleichen Respekt zu behandeln. Ihr guter Ruf dankt es Ihnen.

Zuhören:

Anderen zuzuhören ist eine Kunst und hat noch niemandem geschadet. Im Gegenteil, es ist sehr aufschlussreich und beweist Stärke. Die eigene Meinung und der eigene Gedankengang müssen nicht zwangsläufig immer in die richtige Richtung gehen.

Das Zuhören kann helfen, den richtigen Weg zu finden, Problemstellungen schneller zu lösen und signalisiert Aufmerksamkeit Ihren Mitmenschen gegenüber. Der investierte Zeitaufwand lohnt sich auf alle Fälle.

Ehrlich zu sich selbst sein:

Auch wenn man sich selbst gut kennt, ist es immer wieder eine Herausforderung, sich selbst gegenüber ehrlich zu sein und bei der Wahrheit zu bleiben. Auch Selbstkritik tut weh – sie hilft aber enorm!

Allerdings sich selbst „zu zerfleischen", nur weil man mal nicht perfekt war, hilft auch nicht weiter. Hier sollte der Fokus darauf liegen, was die jeweilige Situation einen lehrt.

An sich arbeiten:

Nobody is perfect und kein Meister fällt vom Himmel! Jeder von uns hat Schwächen und ungenutzte Entwicklungspotenziale. Dies bedeutet, dass wir ein ganzes Leben lang an uns arbeiten und uns weiterentwickeln müssen.

Sich selbst zu formen, ist zwar anstrengend, aber dennoch interessant und macht Spaß. Allerdings sollten wir uns tunlichst davor hüten, zu hohe Erwartungen an uns selbst zu stellen und zu verbissen ans Werk zu gehen.

Durchhaltevermögen zeigen und „Kopf hoch":

Das ganze Leben besteht aus Höhen und Tiefen und gleicht einer Sinuskurve und keiner geraden Linie. Ähnlich verläuft auch die eigene Karriere, die ebenfalls in den seltensten Fällen nur steil nach oben führt.

Die Flinte bei den kleinsten Hindernissen gleich „ins Korn zu werfen" bringt einen nicht weiter, sondern nur das Durchhalten – auch wenn's schwerfällt. Das Bewältigen von schwierigen Situationen stärkt ungemein und macht robuster für neue Herausforderungen. Das Sprichwort „Was einen nicht umbringt, macht einen nur stärker" stimmt!

Auf sich selbst aufpassen:

Erfolg zu haben, ist meistens mit viel Arbeit verbunden. Das bedeutet automatisch, lange Arbeitstage und wenig Freizeit zu haben. Jeder benötigt jedoch seine Erholungs- und Regenerationsphasen, in denen er wieder Kraft tanken und zu sich selbst finden kann. Eines habe ich in meinem Berufsleben allerdings auch gelernt. Es passt keiner auf Sie auf, außer Sie selbst.

Im Gegenteil – wenn Sie total überarbeitet, völlig erschöpft, mit hängender Zunge und halb ohnmächtig am Boden liegen, hören Sie mit großer Wahrscheinlichkeit, dass Sie daran selbst schuld seien.

Sie hätten ja schon viel früher auf sich selbst aufpassen und kürzertreten können. Hilfe haben Sie in den seltensten Fällen von außen zu erwarten. Es wird niemand auf Sie zukommen – egal, ob Chefs, Mitarbeiter oder Kollegen/innen – und Ihnen raten, dass Sie doch weniger arbeiten sollten.

Da bleibt Ihnen nur übrig, dass Sie auf sich selbst und Ihren Gesundheitszustand sowie auf Ihre psychische Verfassung achten und entsprechend handeln. Und noch ein Tipp – hüten Sie sich davor, Ihre persönlichen Warnsignale, die Ihr Körper Ihnen sendet, zu ignorieren. Stattdessen kann ich Ihnen nur raten, hören Sie auf Ihren Körper. Er weiß schließlich am besten, was für ihn gut ist.

Man kann es nicht jedem recht machen:

Als menschliches Wesen streben wir nach Harmonie und Akzeptanz. Dabei sind das persönliche Harmoniebedürfnis und die eigene Erwartungshaltung unterschiedlich stark ausgeprägt.

Eines muss uns jedoch bewusst sein, wir können es nie allen in unserem Umfeld recht machen. Dazu ticken wir Menschen zu verschieden. Entscheidend ist doch, dass die Mehrheit wie zum Beispiel in einem Team hinter einem steht und Ausnahmen bzw. Minderheiten gibt es immer.

Zudem werden wir es nie schaffen, dass alle Menschen über uns nur positiv reden. Dies alles zu akzeptieren, ist zwar nicht einfach, erleichtert das Leben aber ungemein.

Absolute No-Gos

Es gibt Dinge im Leben, auf die man besser verzichtet. Meist verursachen sie nur Ärger, bringen entweder Ihre Mitmenschen gegen Sie auf, lassen Sie als nicht kompetent erscheinen oder bringen Sie in eine peinliche und unangenehme Situation.

Auf lange Sicht ist damit niemandem geholfen und sie kosten nur Energie und gute Nerven. Außerdem prägen diese Dinge auch sehr stark Ihr Ansehen im Geschäftsleben.

Was sind die wichtigsten Themen?

Punkt 1 - „Es gibt immer jemanden, der das besser kann.":

Dieser Ausspruch kann die Killerphrase schlechthin sein und ihre Karriere ins Stolpern bringen. Aus diesem Grund sollten Sie sich diesen Satz nur denken. Auf keinen Fall darf er in einem Bewerbungs- oder Auswahlgespräch fallen.

Es mag eventuell der Wahrheit entsprechen, dass es jemanden gibt, der besser ist als Sie selbst. Allerdings stellt sich dann die Frage, ob dieser Jemand in der gleichen Stadt lebt oder ob er sich sogar auf den gleichen Job beworben hat.

Fakt ist jedoch, Ziel eines Bewerbungsgesprächs ist, sich selbst als die beste Kandidatin darzustellen und dazu passt dieser Satz nicht. Wenn nicht einmal Sie selbst sich diesen Job zutrauen, wieso sollte dann ihr zukünftiger Chef von Ihnen überzeugt sein.

Punkt 2 - Gesprächspartner ständig unterbrechen:

Jeder hat das Recht, dass er seine Meinung äußern und in Ruhe aussprechen darf. Aufgrund von mangelnder Höflichkeit, Besserwisserei oder Profilierungsneurosen unterbrechen leider manche Zeitgenossen/innen ihr Gegenüber ständig. Es zeigt von einer guten Kinderstube, dies nicht zu tun bzw. nur in begründeten Ausnahmefällen und dann in höflicher Form.

Vermutlich denken Sie nun, dass dies doch selbstverständlich sei. Dann kann ich Ihnen nur empfehlen, achten Sie einmal in Ihrem nächsten Meeting bewusst darauf und ich verspreche Ihnen, Sie werden erstaunt sein.

Punkt 3 – Kleidungssünden im Beruf:

Unvorteilhafte oder falsche Kleidung beeinträchtigen das eigene Ansehen enorm. Die Bezeichnungen, mit denen Sie hinter ihrem Rücken tituliert werden, wollen Sie nicht wirklich wissen.

Zu kurze Röcke: Wenn Sie einen kurzen Rock im Beruf tragen und Ihr Gegenüber bei Ihnen im Sitzen die Farbe Ihrer Unterwäsche erkennen kann, ist entweder Ihr Rock zu kurz oder Sie sitzen nicht richtig.

Zu tief ausgeschnittenes Oberteil: Ein schönes Dekolleté ist schön anzuschauen, allerdings lenkt es auch enorm ab – nicht Sie, aber die anderen, vor allem Vertreter der männlichen Gattung.

Ein männlicher Kollege hat mir einmal folgende Weisheit verraten: „Warum ist es für viele Männer wichtiger, dass eine Frau gut aussieht, als dass sie intelligent ist? Die Antwort – weil die meisten Männer noch immer besser gucken als denken können." Um es klarzustellen, diese Aussage kam von einem Mann und nicht von mir.

Sonstiges: Im Geschäftsleben sollte eine Frau auf durchsichtige, zu körperbetonte, bauchfreie und zu glitzernde Kleidung verzichten. Denken Sie daran, dass Sie nicht auf eine Party gehen, sondern zum Arbeiten.

Das 3-Punkte-Kurzprogramm

Die nachfolgenden drei Schwerpunkte sollen Ihnen dabei helfen, Änderungen an sich selbst zu bewirken und dabei den Überblick zu bewahren. Schließlich wollen Sie ja Ihre persönliche Entwicklung mit Erfolg krönen und nicht sich selbst ins Chaos stürzen. Dabei ist es hilfreich, strukturiert und mit dem Fokus auf das Wesentliche vorzugehen.

Punkt 1 – Niemals aufgeben:

Das ganze Leben besteht aus Höhen und Tiefen und bereits im Vorwort merkte ich an, dass das Hinfallen nicht schlimm ist, sofern man wieder aufsteht und sich zu seiner vollen Größe aufrichtet. Niemals aufzugeben, sondern sich selbst dazu zu bringen durchzuhalten und sich selbst zu vertrauen, ist ein hartes Stück Arbeit.

Nichts ist jedoch unmöglich und es macht viel mehr Spaß, eigene Träume zu verwirklichen, als diese nur zu träumen. Die zwei Worte „niemals aufgeben" können auch zu einem Lebensmotto werden, das mit vielen persönlichen Erfolgserlebnissen verbunden ist und uns selbst Kraft und Ausdauer verleihen kann. Der Erfolg kommt dann meist von ganz allein.

Punkt 2 – Seminare besuchen:

Viele Themen sind in diesem Buch angerissen und mit persönlichen Erfahrungen und Beispielen von mir kurz beschrieben worden. Dabei handelt es sich keineswegs um annähernd vollständige Abhandlungen der betreffenden Themen.

Deshalb kann ich Ihnen nur empfehlen, dass Sie zu einzelnen Themen entsprechende Seminare besuchen. Am meisten halfen mir Seminare zu Rhetorik, Präsentationstechniken und Führungsseminare weiter.

Hier waren der Lerneffekt und der Nutzen für die Praxis sowie für die tägliche Arbeit am größten. Auch die gezielten Rückmeldungen der anderen Kursteilnehmer halfen mir sehr. Diese tun zwar wegen ihrer Ehrlichkeit manchmal weh, aber bringen einen zweifellos weiter.

Zu anderen Themen wie zum Beispiel Delegation, Selbstmarketing und Netzwerke gibt es interessante sowie zahlreiche Fachliteratur. Kein Meister fällt vom Himmel und man kann sich nicht alles selbst beibringen.

Nicht jeder ist autodidaktisch veranlagt und kann sich das passende Wissen aus Büchern aneignen. Seminare stellen im Vergleich hierzu eine Alternative dar, bei der Wissen und alltagstaugliche Tipps gebündelt vermittelt werden.

Punkt 3 – Weniger ist mehr:

Als ich das Inhaltsverzeichnis für dieses Buch fertiggestellt hatte, war ich sehr erstaunt, wie viele verschiedene Themenpunkte zusammengekommen waren. Mit einer solch großen Menge hatte ich zu Beginn meiner Überlegungen gar nicht gerechnet.

Für die Umsetzung in der Praxis kann ich Ihnen nur empfehlen, nehmen Sie sich nicht zu viel auf einmal vor. Besser ist es aus meiner Sicht, wenn Sie ein bis zwei Tipps aufgreifen, an denen Sie in der Folgezeit konkret an der Veränderung Ihres Verhaltens arbeiten, bis Sie diese automatisch beherrschen und sich nicht mehr darauf konzentrieren müssen. Erst anschließend sollten Sie sich weitere Themen vornehmen, und zwar immer aufgeteilt in kleinere Häppchen.

Geben Sie sich selbst die Chance, sich erfolgreich zu entwickeln und Ihre Einstellung zu ändern. Das braucht allerdings Zeit und geht nicht von einem Tag auf den anderen. Hier helfen nur Geduld mit sich selbst und ständiges Üben bzw. Durchhaltevermögen weiter.

Trotz Ihrer persönlichen Weiterentwicklung kann ich Ihnen nur nahelegen, bleiben Sie authentisch und sich selbst treu!

Der schlaue Kommentar am Ende

Tja, was soll ich nun sagen?

Erlebt habe ich viel, geärgert habe ich mich viel und gelernt habe ich noch mehr. Dabei konnte ich mich in vielen Punkten weiterentwickeln und verändern. Vor allem habe ich sehr viel Spaß gehabt, über meine eigenen Fehler gelacht und mich über meine Fortschritte gefreut.

Rückblickend stelle ich fest, dass im Hinblick auf alle meine vielfältigen Erfahrungen mir eines ganz deutlich bewusst geworden ist, und zwar trotz aller Erfolge und Rückschläge, die ich ohne Zweifel hatte.

Ich bereue keinen einzigen Fehler, den ich in meinem Leben begangen habe. Gut, auf ein paar hätte ich verzichten können, diese zu machen, aber sie dienten ebenfalls der Abhärtung.

Was ich jedoch bereue, sind meine verpassten Chancen im Leben, denn diese kommen nicht wieder. In manchen Situationen war ich zu wenig mutig und vertraute zu wenig auf mich selbst und meine Fähigkeiten. Aber vorbei ist vorbei – und ich kann es nur das nächste Mal besser machen.

In diesem Sinne wünsche ich Ihnen, lernen Sie aus meinen Fehlern, beherzigen Sie den einen oder anderen Tipp von mir und lassen Sie sich nicht von Ihrem Weg abbringen, nur weil Sie das angeblich nicht schaffen. Haben Sie Erfolg und Spaß im Leben!

Danksagung

Wem habe ich es mit zu verdanken, dass ich manches harte Berufsjahr unbeschadet durchgestanden habe? Es war mein Mann Andreas, der meine Launen ertragen hat, wenn ich durch meine tägliche Arbeit geplättet war. Er hat mich akzeptiert wie ich bin, egal ob euphorisch oder aktiv, deprimiert, hundemüde oder antriebslos. Ja, ich habe so manchen spannenden Actionfilm am Samstagabend auf der Wohnzimmercouch verschlafen und mein Mann musste mir anschließend eine möglichst spannende verbale Zusammenfassung geben.

Indem ich manches Wochenende buchstäblich vor Müdigkeit verschlafen habe, musste Andreas auch viele Unternehmungen wie zum Beispiel Einladungen zu Geburtstagsfeiern ohne mich bestreiten. Auch dieses hat er klaglos akzeptiert.

Es war auch Andreas, der mir den letzten Anstoß gegeben hat, um mit diesem Buch zu beginnen. Er bat mich, dass ich ihn doch auf jeden Fall in diesem Buch positiv erwähnen solle, da er mich doch immer unterstützt habe. Oh ja, wie recht er damit nur hat, denn ohne das Leben mit ihm wäre ich nicht die Person, die ich nun bin.

Darüber hinaus bedanke ich mich von ganzem Herzen auch bei meinen Testlesern Anna, Catharina und Melanie sowie Joachim. Eure Anregungen haben mir sehr weitergeholfen und meinen Blickwinkel erweitert.

Eine besondere Hilfe war mir bei der Erstellung des Manuskripts unser Freund Joachim, der mir jedes Mal helfend zur Seite sprang, wenn mein Laptop ein Eigenleben entwickelte, das ich nicht wollte. Dabei zeigte er sehr viel Geduld mit mir, wenn ich wieder einmal Schwierigkeiten mit meinem technischen Handwerkszeug hatte.

www.ingramcontent.com/pod-product-compliance
Lightning Source LLC
Chambersburg PA
CBHW020447220526
45464CB00002B/902